Der große Polt
Ein Konversationslexikon

# Der große POLT

*Ein Konversationslexikon
von Gerhard Polt*

Herausgegeben von
Claudia Pichler

KEIN & ABER

Verlag & Autor danken Michael Well, der zur Existenz dieses Lexikons stimuliert hat, die Idee dazu entwickelt und seit Jahren fleißig Wörter gesammelt hat. Tatkräftig couragiert wurde er dabei von Christoph Well sowie Karl Well als stiller Unterstützer. Vielen Dank auch an Tini Polt für die Disziplinierung und ihre Begeisterung und natürlich an Claudia Pichler, die in Rekordzeit Wörter gesammelt, ausgewählt und aussortiert hat und diesen unverzichtbaren Schlüssel zu Gerhard Polts Werk in eine endgültige Form gebracht hat.

1. Auflage März 2017
2. Auflage April 2017
3. Auflage Mai 2017
4. Auflage Mai 2017
5. Auflage Mai 2017
6. Auflage Juni 2017

Alle Rechte vorbehalten
Copyright © 2017 by Kein & Aber AG Zürich – Berlin
Coverillustration: Tatjana Hauptmann
Gestaltung & Satz: Rebecca De Bautista
Druck & Bindung: CPI-Ebner & Spiegel, Ulm
ISBN 978-3-0369-5763-0
Auch als eBook erhältlich

www.keinundaber.ch

VORWORT

Einem, der wie ich die Blütezeit angewandter Bodenlosigkeit miterleben darf, soll vorliegendes Büchlein helfen, über die unvermeidlich damit verbundene Begriffsstutzerei hinwegzukommen. Wie soll ich mit diesen Unwesentlichkeiten umgehen? Schiebe ich sie auf die Neben- oder Abstellgleise menschlicher Ratio? Kann ich Begriffsvermummung erlernen, oder wie kann ich sie entschlüsseln? Im Babylon der Bezeichnungslabyrinthe kann ich sowohl fündig werden, es aber auch als Versteck für Ungereimtheiten benutzen. Mit Zuversicht sehe ich, dass Hendilosigkeit endgültig ausgestorben ist, und man somit durch Wort- und Tonselfies der überbordenden Bilderflut gewachsen ist. Der

Unwahrscheinlichkeitsmachung des klassischen Verstehens steht nichts mehr im Wege. Die Lektüre des vorliegenden Glossars möge es dem Leser erleichtern, in Fettnäpfchen zu treten sowie sein eigenes Schmähpotential zu erweitern. Beleidigungen dürfen nicht einer zufälligen Wortwahl überlassen sein, sondern sollen aus einem reichen Fundus zielgerichteter Verunglimpfungen schöpfen können. Auch das eigene Schmieden von linguistischen Sprachtratzerln soll hier angeschutzt werden. Zum fröhlichen Umbegriffeln sowie Neubewörteln wünsche ich als Autor viel Spaß, gebe jedoch zu bedenken, dass ein Warr ohne ein Wirr gegenstandslos ist.

*Gerhard Polt*

# A

**Abfent** [ɔb'fɛnt] Synonym zu → pränataler Zeit. Ist der Abfent da, ist der Heilige Abend unvermeidlich. Einziger Lichtblick ist der Weihnachtsbock, der hinuntersirupt. Sobald man einige Flaschen davon zu sich genommen hat, stellt sich eine Besinnlichkeit ein, dann hört man die Weihnachtsglocken läuten (Jingle-Gebell). Der Abfent ist geprägt von süßem Zeug aller Art: Platzerl, Keks, Lebkuchen. Muss man sich eine Diabetes anfressen, wenn man sie sich doch auch hersaufen kann? Der Abfent ist der ideale Zeitraum zum Kripperl schnitzen. Vorsicht sei allerdings geboten beim Herausschnitzen der Ohrwaschel der Figuren (z.B. Herodes oder Jesi).


**Abfrackprämie** [abfrak'prɛːmɪɛ] Witwenrente; Menschen, deren geistige und körperliche Intaktheit nachweislich ist, werden mittels kleinem monatlichem Betrag kaltgestellt; frühzeitige Anerkennung der Wertlosigkeit. Diese Wertlosigkeit wird prämiert und ihre Dauerhaftigkeit anerkannt.

**Abstimmungsgesäße** [ˈabʃtɪmʊŋgeˈzɛːsɛ] Hochdotierte Parlamentarier; Anwesenheitsdemonstranten

**Alien** [ˌeɪliɛn] aus der Außenwelt Einagschmeckter (hochdeutsch: Hereingeschmeckter); Mensch, dessen hiesiger Aufenthalt vielen Einheimischen lange rätselhaft bleibt; Bandbreite des Aliens liegt zwischen Marsmensch und → Siemensler

**Alkoholsport** [alkoːˈhoːlʃpɔrt] junge Sportart; noch keine anerkannte olympische Disziplin; Teilnehmer des Wetttrinkens: Niere, Milz und Leber; bevorzugtes Hilfsmittel: Sportlerweiße. Als günstige Voraussetzungen zeigen sich das Nichtbestehen der Führerscheinprüfung und die damit einhergehende Ungebundenheit bei der Freizeitgestaltung. Der Einstieg erfolgt zumeist über Bodenständiges wie Obstler, Zwetschgenschnaps, Sekt oder natürlich im → Abfent Punsch, Glühwein, Jagertee, aber immer noch zuerst Bier, am besten → Freibier. In den Statuten festgeschrieben: höchstmöglicher Alkoholgenuss bei möglichst wenigen Entgleisungen (Contenance). Vor allem regelmäßige Oktoberfestbesuche lehren, dem Trinkgenuss innerlich mit der entsprechenden Haltung zu begegnen. Weiterentwicklung des Alkoholsportes: Kampftrinker und Komasäufer.


**Allrounder** [ɔlrˈaʊndɐ] einer, der alles macht, aber nichts gscheid; Banalisierer hochkomplexer Vorgänge (ital.: semplicione); Gegner jeder Spezialisierung. Seine Multibegabung geht bis zur medizinischen Selbsttherapie. Der Allrounder kann alles, selbst sein eigenes Versagen sinnvoll begründen. Verbessert Dinge trotz schlechterem Wissen; großes Selbstbewusstsein bei weitgehender Ahnungslosigkeit; verkürzt bewusst, rundet alles ab; spezifischer Ausspruch: Schwamm drüber!

**Almosier** [ˈalmoːzieː] Mitleiderreger oder Mitleidsprovokateur; Erbärmlichkeitsdarstellung eines Miserabilisten; international anerkannter Beruf, mit dessen Hilfe Menschen anderen Menschen helfen, ihr schlechtes Gewissen zu ventilieren; ideale Hilfsmittel: Hut, Hund, Quetschn und wahlweise ein Schild mit der Aufschrift »Deutscher in Not – ein Landsmann bittet um Brot«.

**ameisen** (vor sich hin) ['amaɪzɛn] Synonym zu wuseln. Beispiel: Hochbetrieb spätnachmittags im schönsten Schlagrahmtortenwallfahrtort Bayerns, dem Café Winkl (kein Ruhetag!)

**amorpheln** (vor sich hin) [am'ɔrfɛln] Lurchelei ambivalenter Personen, die ein zurückgezogenes Dasein fristen

**Antilopentrachtenlederanzug** [anti:'lo:pɛn'traχtɛn'le:dɛr'anʧsu:g] Ausgehuniform von Traditionalisten mit hochrotem Kopf und einem Teint, der zur Wiesnzeit aus Ibiza oder der Dom. Rep. stammt; Original, genäht in Bangladesch und verpackt in Kenia, mit Trachtenhut aus Antilope und Gamsbart aus Glasfaser; wird ausschließlich im Taxi und in Käfer's Wies'n-Schänke auf dem Oktoberfest getragen. Begleiterin des Antilopentrachtenlederkostümisten ist typischerweise eine flachsblonde Person in einem Dirndl, das bei Sepp's im → Hirschhorncenter, New York, angefertigt worden ist. Diese flachsblonde Person isst nie irgendetwas, will auch keinen loup de mer, selbst wenn sie auf dem Oktoberfest ist. Sie sagt: »Es ist immer recht zünftig«.

**Applausvasall** [aplau̯zvaːz'al] bezahlte und unbezahlte Claquere im Schlepptau von volkstümlichen Heroen, die ihre Helden unkritisch zwangsbefänen; Abnehmer von Devotionalien aller Art

**Asylanten** [azyːˈlantɛn] Kolonialwaren von heute

**aufbrezeln** [ˈaʊ̯fbreːt͡sɛln] Lamettisierung; Selbstoptimierung mithilfe textiler, kosmetischer und chemischer Mittel; im weitesten Sinne: Kulissenmalerei

**Auster des kleinen Mannes** [ˈaʊ̯stɐ dɛs ˈklaɪ̯nɛn ˈmanɛs] Synonym zu → Gschlader; gehört zur Familie der Auswürfe; Beschaffenheit: geleeartiges qualliges Gebilde; Lungenhering von einem anonymen Vorgänger, der vorzugsweise im steinernen Bierkrug übersehen wird und nach dem gedankenlosen Trinken Millimeter für Millimeter, wie eine Schnecke, langsam, zäh, den eigenen Hals hinunterkrabbelt. Das zieht sich natürlich. Man steht dieser Sache machtlos vis-à-vis. Da kann man sagen, was man will, das ist unappetitlich. Häufige Folgen: Mundfäule oder Racheninflammation

**Autobahnüberquerungsdrainage** [ˈaʊ̯toː-baːnyːbɐrˈkveːrʊnʃzdrɛːˈnaːʒɛ] Transit für mehrere Froscharten und Amphibien zu ihren Laichplätzen; Selbstbestätigungsbetätigungsgebiet für Naturschützer → Kaulquappennummerierer


**Autohändler** [ˈaʊ̯toːˈhɛndlɐ] auch: Autodandler oder → Ekzem Homo. Berufsgruppe, die im Grenzbereich der Legalität agiert, vgl. → Leasingvertrag; moderne Form des Rosstäuscherberufes oder Viechhändlers

B

**Babylonisierung der Speisekarte** [baːbiːloːniːˈziːrʊŋ dɛr ˈʃpaɪ̯zɛkaːrtɛ] rechtliche Absicherung; Aufschlüsselung sämtlicher möglicher Speisezutaten; zwingt den Wirtshaus-Besucher zur Kenntnis chemischer Zusammensetzungen; z. B. Ameisensäure oder Phosphat an Kraut und Schweinswürstel


**Bayerische Verfassung** [ˈbaɪ̯rɪʃɛ fɛrˈfasʊŋ] gute Leberwerte bilden das Fundament für die Bayerische Verfassung.
A Bavarian politician, for example a Verkehrsminister (z.B. Wiesheu) needs to have a good liver and a very good constitution – we say: a Bayerische Verfassung.


**Begriffsconsulting** [beːˈɡrɪfskɔnzaltɪŋ] Sich-beraten-lassen, um Sachverhalte neu zu beschriften, mit dem Ziel, Wahrheiten auf dünnem Eis aufzubrezeln (→ Begriffsvermummung, → aufbrezeln)

**Begriffsvermummung** [bə'grɪfsfɛr'mʊmʊŋ] Begriffskosmetik, Schönwörtelei, Kaschierung, Camouflagierung von Realität mit Begriffen, die geeignet scheinen, um Wahrheiten und Wirklichkeiten im Nebulösen zu lassen oder ins Nebulöse zu bringen. Beispiele: Solidaritätsbeitrag, aufenthaltsbeendende Maßnahme für Abschiebung, kreative Buchführung.

**Beschorenheit** [bə'ʃoːrənhaɪ̯t] völliges Sich-Auflösen im Taumel des Beschenkt-Seins; Zustand im Rahmen der alljährlichen Christbaum- und Glühweinorgie; allgemein: Zustand der Paralyse bei Geschenkorgie; Kinderkrankheit ausgelöst von elterlichem Zuwendungsmissbrauch (Kaufrausch).

**Blunzn** [blʊntˢn] menschliche Erscheinung, bei der geistige Schwerfälligkeit mit körperlichem Umfang harmonisiert; vornehmlich feminin, in seltenen Fällen auch maskulin, z.B. Bischof Krenn; nicht zu verwechseln mit der beleidigten Leberwurscht.


**Bootsverleiher** [boːtˢsfɛr'laɪɐ] Persönlichkeit, die nach eingehender Beschäftigung mit Byzantinistik oder Assyrologie und nach gründlicher Kenntnis des angemessenen Verzehrs eines Wiener → Schnitzels den Beruf des Bootsverleihers ergreift. In der heutigen Zeit ein Schritt, der mehr denn je den dramatischen Veränderungen in unserer Arbeitswelt gerecht wird. Geschmeidigkeit im Empfinden und innere Tranquilität zeichnen den Bootsverleiher aus. Der Bootsverleiher entlässt das Boot mit einem festen Fußtritt in die Weite des Sees. Auf die Benutzung von Ellenbogen ist er nicht im Geringsten angewiesen. Selbstständig und frei, niemals zu falscher Loyalität verführt, entfaltet sich sein stabiler Charakter ausschließlich bei privaten Aktivitäten wie zum Beispiel Brotzeitmachen oder Zeitunglesen. Der Bootsverleiher, der seinen Beruf mit Hingabe und Enthusiasmus ausübt, sitzt niemals im selben Boot!

**Brotzeitholer** [broːtʃsaɪtʰhoːlɐ] übernimmt verantwortungsvolle Depeschendienste; garantiert Pausenlosigkeit im Betrieb durch warme Leberkässemmeln; ersetzt dadurch Kantinenwesen und den damit verbundenen Zeitverlust; Sonderform: Vollzeitbrotzeitholer

**Brunzkachl** (ogsoachte) [ˈbrʊntʃskɔχl] ([oːgzɔaχtɛ]) mögliche Beleidigung weiblicher Personen, die mit approximativ bis zu 500 Euro geahndet werden kann.

**Brunzkachlartist** [ˈbrʊnˌskɔχlˈɔrtɪst] noch nicht anerkannte Kunstströmung; Graffiteur, der in öffentlichen Toiletten seinem Genius folgend eher abstrakte Kunst produziert, kann auch ins Literarische gehen. Der Abort ist Galerie und die Toilettenfrau Museumswärterin.


**Büchsengourmet** [ˈbyksɛŋguːrmˈeː] Äquivalent zu altissimus gurges (ehrwürdiger Schlund). Feinschmecker, der Hering in Tomatensoße aus der Büchse bei halb geöffnetem Deckel isst, um Kontakt des Fisches mit dem Tageslicht zu vermeiden; lehnt die Benutzung eines Tellers strikt ab, weil der Büchsenfisch nach Büchse schmecken muss: das Büchsige, Metallische gibt dem Fisch den Kick. Zur Eventmahlzeit trinkt der Büchsengourmet eine Tasse Kaffee oder einen Trollinger (»Trollonschäh«) und schaltet den Fernseher an, ohne dem Programm besondere Aufmerksamkeit zu schenken.

C

**Camorracracker** [kaˈmɔraːkrɛkɐ] Alarmanlage, digital gesteuert. Über Sensoren werden Hundegebell und Lichtorgien abgefeuert, sobald sich etwas dem Grundbesitz nähert.


**cappuccinieren** [kapʊtʃiːˈniːrɛn] eine gekonnte Form des Schlürfens; Freizeitgestaltung; bis heute in Italien noch nicht anerkannter Begriff für Zustand von Leerlauf aller Art und der damit einhergehenden Lebensfreude (»cappucciniazione«)


**Car-Freitag** [kaːrˈfraɪ̯taːg] Osterstau


**Car-Samstag** [kaːrˈzamztaːg] noch mehr Stau

**Car-Sonntag** [kaːrˈzɔntaːg] Auferstehung aus der Blechlawine

**Car-Woche** [ˈkaːrvɔχɛ] Woche der Stauliebhaber, meistens bei Ferienbeginn und Ferienende sowie vor Weihnachten

**Champignon pedalis** [ʃɑ̃piɲɔ̃ peːˈdaːlɪz] Radelfahrer mit Fußpilz

**Champignon pedestris** [ʃɑ̃piɲɔ̃ peːˈdɛztrɪz] Fußgänger mit Fußpilz; auch: foot mushroom oder Fuaß-Schwammerl; mykologische Erscheinung, die sich den Mensch als → Zwischenwirt aussucht; besiedelt geschlossene Zwischenräume; kann zur Schwammerl-Schwemme ausarten.

**Charivarisierung** [ʃaːriːvaːriːˈziːrʊŋ] Wolpertingerismus; zur Schau gestellte Fetische und rustikaler Kitsch, der am → Antilopentrachtenlederanzug baumelt, um in Sterne-Lokalen Heimatverbundenheit auszudrücken.


**Chlorwasserkolumbus** [kloːvasɛrkoːˈlʊmbʊs] Bademeister in einem überchlorierten Bad, wo der Chlorgeruch keine Chance hat zu entweichen, der unnachsichtig und unnachgiebig jeden Seitensprung von Kindern in Plantschbecken oder das Nichtvorzeigen von Plastikbadekappen ahndet. Übernimmt für Fußpilzkolonien keine Haftung, sieht Lebensrettung nicht als Primäraufgabe. Tragisch ist nur, wenn der Chlorwasserkolumbus trotz Bachelor-Abschluss → Nichtschwimmer ist.

**Chronist** [kro:'nɪst] vgl. → unforced-time-passing; ein Zeitvertreiber, genauer jemand, der wahlweise sich oder die Zeit vertreibt; Genießer von Unauffälligkeiten; Banalitätenkonsument; Vergangenheitsdegustateur, welcher der Zeit keinen Platz mehr einräumt.
Sonderform: Bierchronist: zu finden am Stammtisch oder im Biergarten


**Circus Maximus** ['ʦɪrkʊs 'maksi:mʊs] Eventzentrum; an alle Medien angeschlossenes modernes Treiben, dessen Sinn darin besteht, analog zum klassischen Circus Maximus, den Daumen zur Qualitätsbewertung nach oben oder unten zu strecken. Wo früher die wenigen Christen an Hyänen, Bestien und Löwen verfüttert wurden, beteiligen sich auch heute immer weniger Christen an den Spielen. Der Begriff des Märtyrers hat einen Bedeutungswandel erfahren, heute: Steuerhinterzieher.

**Convertibilität** [kɔnvɛrtiːbiːliːˈtɛːt] Man kann von Glück sagen, wenn man convertible ist, sich also für sein Geld etwas kaufen kann. In Brasilien kann man, wenn man einen Konkurrenten ausschalten will, einen Killer, wenn er öffentlich-staatlich geprüft ist, auch steuerlich abschreiben.

D

**deliciö** [delisjø] Ausruf des Entzückens; extraterrestrischer, exorbitanter Genuss; französisches Lehnwort ähnlich wie »Cammonbär«

**Democracy** [diːˈmɔkrɛsiː] nicht zu verwechseln mit democrazy!
Begriffserklärung für Staatsform: Democracy has a very old tradition in Bavaria. The roots go back, far, far back to a man called Plato. Plato was an old Greek from Greece. The next one was an old Roman from Rome: Cicero. The third one and most important of all was our political genius from Bavaria: Dr. Mueller, or as we call him »Ochsensepp«. Vgl. → Ochsensepp-Principles

**Democrétin** [deːmoːkreːtɛ̃] Synonym zu → Demograttler, französische Variante

**Demograttler** [deːmoːgratlɛr]
1. konstitutionelles Fußvolk
2. Demokrat mit ideellen und monetären Mangelerscheinungen
3. Demograttler negieren bewusst edle Absichten; hegen sorgfältig ihre Unzufriedenheit; Nebenbeschäftigungen: Vandalisieren


**demokratisiert – mayonnaisisiert – ketchupisiert** [deːmoːkraːtiːˈziɐt maːıoːnɛːziːˈziɐt kɛtʃapiːˈziɐt] Divulgation, Schlachtruf der kapitalistischen Gleichmacherei in der Speiserevolution; Geschmacksnivellierung mithilfe von Geschmacksverstärkern aller Art wie Mayo, Ketchup oder Soja


**Deutschstadt** [dɔχtʃˈʃtat] Transformation von Deutschland zu Deutschstadt auf Grund des totalen Flächenverbrauchs für Wohn- und Gewerbegebiete für Neubürger, zum Großteil untertunnelt oder mehrstöckig

**Diridari** [diːriːˈdaːriː] Flins, Zaster, Kohle, harte Münze, Schmiermittel. Bestandteil einer uralten bayrisch-byzantinischen Tradition: Wenn Sie ein Einfamilienhaus bauen möchten, aber im Bauamt ein Gschwollschädel drinhockt und alles blockiert, dann hilft nur ein europäisches Rezept. Man nimmt ein Buch, eins, was man halt nicht liest (z.B. *Schuld und Sühne*) und sortiert dort die Geldscheine (das Diridari) hinein. Übergibt man es dem Beamten, dann geht der Bau wie geschmiert. Es ist ein Geben und Nehmen (auf antiker Tradition basierend: »do ut des!«). Das ist Europa!

**Disagissimo** [diːsaːgˈɪsiːmoː] Ausruf eines Sparkasslers bei der Unterzeichnung eines Baukredits

**Duzi Duzi** [ˈduːʧiː ˈduːʧiː] Gespräch mit dem Eiweißzuzler; kommt nur im Dialog vor: »Duzi Duzi? – Duzi Duzi!«
1937 im Café Annast (später Tambosi) Kontaktaufnahme mit deutschem Kind am Odeonsplatz: Hitler zu Bams im Kinderwagen: »Dotzi Dotzi!« (arischer Sprachgebrauch)

E

**Einetrumpn** [ˈeɪnɛtrampn̩] aus dem Englischen: in ein Fettnäpfchen treten; weitere Bedeutung: Immobilienfehlkauf

**Ekzem Homo** [ɛkˈʦeːm ˈhoːmoː] unmittelbarer Nachbar; Schädling; Besserwisser

**Ens Educandum** [ɛns eːduːˈkandʊm] ein zu erziehendes Seiendes; bayerisch-pädagogischer Ausdruck für »Kind«; Grundpfeiler bayerisch-pädagogischer Lehrerausbildung, damit der angehende Pädagoge ahnt, mit wem er es zu tun kriegt

**enthusiasmiert** [ɛntuːzɪasˈmiɐ̯t] Synonym zu gaga, abgetreten; Zustand des Freudenrausches nach kräftiger Lohnerhöhung oder Lottogewinn; vgl. → Beschorenheit

**Entratzifizierung** [ɛntraʦiːfiːˈʦiːrʊŋ] im Hygienewahnsinn vergeblicher Versuch der Rattenvernichtung, vorwiegend in Metzgereien oder Wirtshausküchen; Maßnahmen: chemische Keule, Verschluss von Einwanderungsmöglichkeiten. Bio-Variante: Miezler


**Enzymist** [ɛnʦyːˈmɪst] Bäcker mit Bachelor in Chemie; Bestandteile einer Kaisersemmel: Lecithin, Essigsäure, Guarkernmehl, veresterte Glyceride, Phosphat, Enzyme, Mehlbehandlungsmittel und Aroma, Präcursoren zur Förderung des Semmeldufts. Statt Brot backen wandelt sich die Tätigkeit zum Hantieren mit Enzymen, wobei die Teiglinge dafür stets aus China importiert werden.


**Espressionist** [ɛsprɛsioˈnɪst] einer, der selber auspresst, wenn er Verdorbenes oder zu viele

Nahrungsmittel zu sich genommen hat; ein Sich-Übergeber; einer, der Wimmerl ausdrückt. Kein Kaffeetrinker oder gar Maler!

**Evaluierung** [eːvaluˈiːrʊŋ] zeitgemäße, mit hohen Kosten verbundene Maßnahme zur Bewertung von Menschen auf ihre Nützlichkeit und Ertragsfähigkeit hin. Aufgrund grassierender Statistikhörigkeit und gegenseitigem Misstrauen, greift ein Sich-gegenseitig-Bewerten epidemieartig um sich. Grundideen: Wie hoch ist die Nachfrage nach → Humankapital? Was kostet ein Kind?

**Eventmahlzeit** [iːvˈɛntmaːlˈt͡saɪt]
1. Mahlzeit, die nicht der Mahlzeit wegen eingenommen wird, sondern die ihren Sinn nur durch die Unterhaltung in Form von Show erfährt. Die Mahlzeit wird zur Begleiterschei-

nung. Wird gern von Firmen gebucht, ist von der Steuer absetzbar.

2. Alle Unterhaltungsvorführungen brauchen ein Begleitessen, z.B. Popcorn bei Cinema-Events oder Snacks bei Sportevents, Hostie in der Kirche als Folge des letzten Abendmahls als erste Eventmahlzeit → Oblatieren

**Evidenzerlebnis** [eːviːˈdɛnˁsɛrˈleːbnɪs] Zufrieden registrieren, dass das, was stattfindet, auch stattfindet. Die Wahrnehmung des Evidenzerlebnis erfolgt durch ein »Aha« oder ein → »Öha«

# F

**Fadiseur** [faːdiːˈzœr] verwandt: Blutarmut, Anämie; ein Dialogtöter, Gesprächskiller, Baffmacher; Mensch mit dem Charme einer Zentralheizung; Wetterprognostiker im Bayerischen Rundfunk


**FC Ganglion** [ɛf ʦeː ˈgaŋgliɔn] Slow-Motion-Fußballspieler, Lazarett, Versehrte, Invalidenfußballmannschaft, Charakteristik: eingemummt mit Bandagen wie der Pharao Ramses, deshalb auch: Fußballmumien


**Flaschlwischer** [ˈflaʃlvɪʃɐ] von High-Tech bedrohter und unterschätzter Beruf; natürlicher Feind: Tetra Pak und Dose; Rettung: Mehrwegverordnung; verwandt mit → Noagerlzuzler; hält ein hohes Ethos aufrecht gegen sinnlose Vermüllung; Garant für Mehrwegbehälter; gewerkschaftlich unterrepräsentiert, keine

Lobby, sozialer Status lässt zu Wünschen übrig. Flaschlwischer haben selten Anspruch auf Brotzeitholung (→ Brotzeitholer)


**Flaxe** ['flaksɛ] österr.-bairisch für Sehne; äußerst flexible Erscheinung; animiert den Gourmet zum ersehnten langanhaltenden Zungenspiel; bevorzugter Lebensraum: Zahnfleischtasche und Plombe; natürlicher Feind: Zunge und Zahnstocher; arbeitet auf dentale Katastrophe hin, bevorzugt in Kooperation mit → Knorpel


**Fleischdelirium** [flaɪʃdeː'liːrɪʊm]
1. Nirwana, Garten Eden, Siebter Himmel des Anthropophagen (→ Man-Eater)
2. Rauschzustand der Fleischfliege in einer Metzgerei

**fleischhörig** [flaɪʃˈhøːrɪg] unvegan, Religionsersatz, vgl. → Fleischdelirium, Bacchanal


**Fliesomanie** (menschliche Fliesomanie) [fliːsoːmaːnˈiː]
1. Phänomen in Metzgereien; vergeblicher menschlicher Versuch der Hygienehaushaltung; ähnlich: → Entratzifizierung. Die Fliesen sind so glatt, dass ein Fleischflieger, wenn er landet, Kopf und Kragen riskiert. Fliesen wie Kacheln sind die natürlichen Feinde der Fettwolke.
2. Modeerscheinung in Garagen: Fliesen als Garant für langlebigen Modegenuss


**Foulheit** [ˈfaʊlhaɪt] Wenn ein Fußballspieler recht foul ist, kriegt er zwar bisweilen eine gelbe oder rote Karte, und braucht dann längere Zeit gar nicht mehr Fußball zu spielen. Als foules Schwein bekommt er auch ein Schweinegeld. Gesellschaftlich steht der Foule jedoch alleine da.

**französische Frittisation** [fran'͡sø:sɪʃɛ frɪtiːsa'͡sioːn] Ursprungsland Belgien um 1680, → demokratisiert, mayonnaisiert und ketchupisiert im Jahre 1838 in Frankreich von einem Bayern namens Fritz. Korrekte Schreibweise folglich Pommes Fritz.

**freebenching** ['friːbɛnʃɪŋ] absolute Sorglosigkeit bei der Sitzbank-Platzwahl im Freien; hintergedankenlose Freizeitgestaltung auf Holz mit abgewinkelten Kniegelenken

**Freibier** ['fraɪbiːɐ] Zeichen internationalen Verständigungswillens der Völker für Frieden; Nächstenliebe, die auf Hopfen und Malz beruht; Geschenk des Himmels. Der Freibiergedanke trägt den revolutionären Funken in sich und führt zu Freiheit, Gleichheit, Brüderlichkeit. Eine sozialgemütliche Gesellschaft ist ohne ihn nicht möglich.

The idea of Freibeer in Bavaria is deeply religious: The more you drink, the more the ghost of democracy becomes visible.

**Freiheit** ['fraɪ̯haɪ̯t] Freiheit ist der Garant für einen gewissen Wohlstand. Der Freiheitsraum, das ist der Raum zwischen Angebot und Nachfrage. Die Idee der Freiheit kommt von den Hochkulturen aus Rom und Griechenland. Allerdings, ohne niedrige Lohnkosten wäre sie nicht möglich gewesen. Ohne Sklaven gäb es heute keine Pyramiden. Heute muss der Deutsche höllisch aufpassen, dass er sich seine Freiheit nicht verspielt. Er selbst ist zu teuer geworden. Welcher Deutsche kann sich denn heute noch einen Deutschen leisten? Die Asiaten sind viel freier. Da darf ein Kind schon mit sieben Jahren arbeiten, und zwar vierzehn Stunden lang, und wenn es will, ohne Urlaub. Zum Freiheitsbegriff siehe auch Stadelheim.

**fresh air snapping** [ˈfrɛʃ ɛːr snɛpɪŋ]
1. Freizeitgestaltung in internationalen Kurorten
2. Beobachtung aus der Tierwelt: Löcher in der Schachtel, wo → Maikäfer drin sind oder Kaulquappen

**Freundlichkeitsdarsteller** [ˈfrɔʏndlɪçkaɪ̯ts-ˈdaːrʃtelɐ] Personal ohne Aufgabe, muss lediglich angenehme Atmosphäre ausströmen. Voraussetzungen: pure Anwesenheit, freundliches Grüßen idealerweise auf Englisch (friendliness!). Festanstellung in städtischen Verdichtungsräumen sowie Neubaugebieten möglich.

**Fritteuse** ['frɪtø:sɛ] das größte Unglück; Nachfolgerin der → Guillotine; verabreicht Pommes Fritz, → Schnitzel oder ähnlichem die letzte Ölung; charakteristisch nur mit Fritteusenfett: epochemachendes olfaktorisches Ambiente mit internationalem Flair; vorzugsweise beim Griechen um die Ecke anzutreffen

**Fronarbeitsanbieter** ['fro:narbaɪʦan'bi:tɐ] Um die Nachteile der Sklaverei (Eigentum verpflichtet!) auszugleichen, bietet er klassische Sklavenarbeit nur noch auf selbstständiger Basis an. So beugt er falschem Besitzdenken vor. Der Sklave wird zum freelancer. Der Fronarbeitsanbieter steht in der Tradition von Manchester.

**fundamental basic education** [fanda'mɛntɛl 'beɪsɪk ɛdju:'keɪʃɛn] Spanisches Rohr

G

**Garagier** [gaːraːʒiˈeː] Synonym zu Garagist; lebender Vertreter: Bachmaier Toni; Architekt und Gegner der Sammelgarage; Garagendesigner und Visionär


**Gardewammerl** [ˈgardɛvamɛrl] feminines Phänomen bei unerotischen Narreteien, ballettartig garniert


**Gast, sogenannter** [gast soːgeːˈnantɛr] griechisch: Xenos: In einer Gesellschaft, wo Xenophobie herrscht, ist der Begriff Gast ein Euphemismus, da er sich in Wirklichkeit als Feind jeder bayerischen gastronomischen Aktivität herausstellt. Auf ihn projiziert sich das tiefe Unwohlsein des Bedienen-Müssens. Der Gast suggeriert Servilität und wirkt deshalb abschreckend. Er ist der Alptraum jeden Wirts und sein natürlicher Feind. Mancher Wirt entschließt sich deshalb zur Gastscheuche zu mutieren, so auch seine Angestellten.

**Gastronomic-Adventure-Trip** [gastro:-ˈnɔmɪk ɛdˈvɛntʃuːr trɪp] Fernreise zu exotischen gastronomischen Genüssen; auch: Salmonellen-Safari; Ausflug in die Welt der Salmonellen, Shigellen und Staphylokokken; Versuch mit den Enteritis-Erregern auf Du und Du zu sein

**gastronomisieren** [gastro:noːmiːˈsiːrɛn]
1. Vision in der Eisenbahnentwicklung: Nur noch Speisewägen werden zum Personenverkehr genutzt. Im französischen Speisewagen gibt es beispielsweise das Mittagessen, im italienischen den Kaffee und im k-und-k-Wagen Salzburger Nockerl.
2. Verbiergartung der Welt und Export des Oktoberfestes weltweit (»permanent octoberfest

worldwide«), nicht mehr an Jahreszeit gebunden, internationaler Trinkgruß: One, two, three, gsuffa!

3. Tobsy Turvy Pizza: Phänomen der Cross Over Gastronomisierung, Pizza mit Leberkas, Mozzarella, Tsatsiki und mehr

4. Allzeitverfügbarkeit von Gastronomie, garantiert permanentes Food-to-go. Flächendeckende Gastronomisierung ist aber noch nicht erreicht. Ziel: Lückenloses gastronomisches Netz von der Wüste Gobi bis zum Aralsee, von Südalgerien bis zur Kalahari.

**Gaudizuzler** [ˈgaʊdiːʦʊʦlɐ] Synonym: Stimmungszuzler; vgl. → Fadiseur, der sich raubstimuliert; entwendet Freude, begreift die Konsistenz der Gaudi nicht, usurpiert aber das Endprodukt; lacht orientierungslos, weil er gar nicht weiß, warum. Er freut sich, weil andere lachen. Das reicht ihm.

**Gebirgsschützenmeditation** [ge:'bɪrgs-ʃʏʦɛnme:di:ta:'ʦio:n] Audiokassetten zur Erquickung in stillen Stunden. Dafür eignen sich beispielsweise das Berg-Isl-Gedenkschiaßn im Sommer 1973, das Andreas-Hofer-Schiaßn im Herbst 1960 oder das große Tiroler Freiheitsschiaßn auf der Muttereralm im Februar 1949.

**Gebrauchslyriker** [ge:'brau̯χsly:rikɐ] Verserlmacher, Dreiquartelpoet; er verfasst Gedichte und Reden passend zu allen Anlässen (z.B. Geburtstag, Beerdigung, Erlangung eines Führerscheins); leidet an multipler Psychose.

**Gedanke** [ge:'daŋkɛ] selber einer

**Gedankentunnel** [ge:'daŋkɛn'tʊnɛl] Zeitspanne, in dem kein Gedanke zustande kommen kann, weil keinerlei Verbindung zu Ideen hergestellt wird (time out); Abwesenheit jeglichen Denkvermögens; Dauer hängt von der Länge des Tunnels ab und ist individuell variabel; beschreibt die Unsicherheit, ob oder wann wieder ein Gedanke zündet. Antriebsstimulatoren sind Treibstoffe wie Vodka, Valpolicella oder Obstler. Sie beschleunigen erfahrungsgemäß das Erreichen des Lichts am Ende des Tunnels.

**Gedankenzuzler** [geˈdaŋkənˈʦuʦlər] gehört zur Familie der Zuzler; Synonym: Ideenzuzler; ist am Zustandekommen eines → Gedankens nicht beteiligt, nimmt nur das Endresultat. Die Gedankenentwicklung ist ihm genauso wurscht wie der Gedanke an sich.

**GEHEC** ['ge:hɛk] Fußgänger-Virus (»pedestrian disease«); Sonderform: Wandern; Behandlung ist nur mittels eines Therapeuten (ADAC-Psychologe) möglich; der Kraftfahrer fürchtet den GEHEC, vermeidet aus Angst davor die Fußgängerei. Er fühlt sich nur in seinem Biotop, dem Parkplatz, und mit laufendem Motor wohl. Alptraum: Fußgängerzone, hier grassiert der GEHEC.

**Geldbeutelstalker** ['gɛldbɔɣtɛl'stɔkɐ]
→ Schlurch

**Gemütlichkeit** [ge:'my:tlıçkaɪt] Relation aus Zeit, Bier und Geld; wahrscheinliche Abwesenheit jeglichen → Gedankens; langsame Bewegung des Hypophysenlappens (slow motion); Gemütlichkeit ist herzustellen durch den Griff zum Krug: Man führt den Krug moderat, aber zielsicher zum Kopf. Niemals den Kopf zum Krug.

Früher war es sehr zeitaufwendig, zeitintensiv, direkt zeitfressend, bis eine Gemütlichkeit in unserem Sinne hergestellt werden konnte. Heutzutage geht das Gott sei Dank viel schneller, weil wir über eine Ad-hoc-Gemütlichkeit bzw. → Instant-Grübigkeit verfügen. Weitere moderne Erscheinungsform: → Vollkasko-Gemütlichkeit

**Gemütlichkeitsvollzugsanstalt** [ge:'my:tlıçkaɪ̯tsvɔl'ʦu:gsanʃtalt] megarustikale Heimat (schweres Gehölz, Tiroler Balkone, Massivmöbel in Verbindung mit harten Knödeln) für entvakuumisierte Schweinsbraten in Palmfett unter Dauerbejodelung und dirndlbekleidetem und lederbehostem Personal. Die Gemütlichkeitsvollzugsanstalten haben ihren Ursprung im Alpenraum, sind jedoch heute global verbreitet.

**genetischer Sondermüll** [geːˈneːtɪʃɐ ˈzɔndɐmyll] Ausdruck, der in keiner Weise der political correctness entspricht und selbst bei argloser Benutzung eventuell den Bereich der Beleidigung streift


**Geniestreicherei** [ʒeːˈniːʃtraɪ̯çɛrai]
1. unabdingbare Voraussetzung für das Überleben von Musiklehrern mit dem Ergebnis einer unaufhaltsamen Zunahme von Wunderkindern, die ungebremst auf der Geige umeinanderkratzen und jegliches Wohnmilieu vergiften
2. zumeist geballte Entscheidungen der Münchner Stadträte und deren Epigonen


**Gentrifikateur** [dʒɛntriːfiːkaːˈtœr] Sanierer, Entmietungsgenie; seine Lebenseinstellung verbindet er stark mit dem Quadratmetermietpreis; kommt in einen Entmietungsrausch; natürlicher Feind: der Mieter. Er ist wie ein Hausschwamm, der, wenn er einmal drinsitzt in einer Wohnung, kaum mehr herauszubringen ist. Der Gentrifikateur sieht im Mieter nie einen Bewohner, immer einen Abwohner. Der Mieter muss mit dem Quadratmeterpreis harmonieren. Das Entmietungsgenie hat beste Strategien entwickelt, um dem Mieter ein gedeihliches Wohnen unmöglich zu machen. Zum Instrumentarium (= angewandte Entmietung) gehören zum Beispiel: Cut-Off sämtlicher Versorgungsleitungen, Geräuschtherapie mittels Presslufthammer oder musikalischer Beschallung sowie Umwandlung des Mietshauses in einen Windkanal.

**Gesinnungsgrattler** [ge:'zɪnʊŋsgratlɐ] kohärentes Verhalten niedriger Gedanken bei niedrigen Zielsetzungen; es ist die Gesinnung, die den Grattler ausmacht. Der Gesinnungsgrattler führt den Begriff → Mensch ad absurdum. Ein spiritueller Messie, der sein eigenes mieses Verhalten genießt; häuft eine stolze Ansammlung schäbiger Gedanken an, die er in seinem Hinterkopf einlagert und chaotisch stapelt. Das Phänomen ist international und geht durch alle gesellschaftlichen Schichten hindurch. Der Gesinnungsgrattler ist geschickt in der Lage, sich sämtlichen ethischen Zwängen zu entziehen. Geht meist einher mit autoerotischem Verhalten an der eigenen Miserabilität.

**gewindelter Russe** [geːˈvɪndɛltɐr ˈrʊsɛ] infantiles Auftreten slawischer Provenienz

**Glaskugelinterpreten** [ˈglaːskuːgɛlɪntɐrˈpreːtɛn] nicht als seriös im Sinne des Berufsstandes der Seher und Visionäre oder gar Propheten zu nennen! Mit Nachdruck muss gewarnt werden, die Zukunft aus der Glaskugel zu entnehmen. Die Glaskugel ist nicht dazu geeignet, eine Zukunft vorzubestimmen, die über individuelle Details (z.B. das Finden einer Brieftasche in einer öffentlichen Toilette) Auskunft gibt. Vorsicht vor Horoskopen! Der Kaffeesatz ist als Möglichkeit, die Ungewissheit privaten Schicksals zu interpretieren auch ungeeignet, selbst wenn man Dallmayr Prodomo nimmt. Die Destination eines Staates, einer Gesellschaft, einer Persönlichkeit, das Alpha und Omega eines Individuums werden Sie nicht aus einem Prodomo lesen. Aber aus den Leberwerten (evtl. eines bayerischen Ministers) lässt sich viel über den gesellschaftlichen Zustand in einem Freistaat ergründen (→ Bayerische Verfassung).

**Grillverordnung** [grɪlfer'ɔrdnʊŋ] regelt die Anzahl legaler Grillwürschte pro Jahr in einer Wohnanlage; wichtiger Absatz der bayerischen

Verfassung für ziviles Zusammenleben. Kontrolle der Einhaltung der Grillverordnung findet mittels einer Drohne statt.


**Grippenspiel** [ˈgrɪpɛnʃpiːl] jährlicher Epidemie-Kongress der Grippe-Viren, Bazillen und vitalen Erreger


**Gschichtenbrösler** [ˈgʃɪçtɛnbrøːslɛr] Mensch, der die Kunstform beherrscht, unzusammenhängende Geschichten zu erzählen und dafür zu sorgen, dass sie auch unzusammenhängend bleiben. Der Gschichtenbrösler kann bis zu vier unzusammenhängende Geschichten zur Verwirrung aller gleichzeitig erzählen.


**Gschlader** [gʃˈlɔːdɛr] Auswurf, auch: → Auster des kleinen Mannes, zumeist gelblich, grünlich oder okkerfarben; Lungenhering, Glachl; tritt häufig im steinernen Bierkrug (Keferloher) auf; zur Vermeidung der Mundfäule sei ein Glaskrug für gefahrlosen Biergenuss anempfohlen. Hier kann der Gschlader fremden Ursprungs noch vor Verzehr erkannt und herausgefischt werden. Die Thematik wird gerne tabuisiert wegen angeblicher Unappetitlichkeit.

**gschupfte Mütter** [ˈgʃʊpftɛ ˈmʏtɐ] gut bestallte, dynamische Freizeit-Mütter, die sich Verantwortung leasen; unterhalten sich vornehmlich auf Englisch mit ihrem Produkt (Kind, Schraz, Nachkomme); Pendlerinnen zwischen Coiffeur, Bioladen und Visagist via SUV (»Suff«); verhelfen ihrem Nachwuchs mittels advokatorischen Nachdrucks zum Übertritt auf das Gymnasium

**Gsundheitsbaz** [ˈgsʊndhaɪ̯ts'baːʦ] Synonym zu Sojapampf und Sanatoriumsfraß, neudeutsch: Smoothie

**Guillotine** [giːjɔˈtiːne]
1. Die Erfindung der Guillotine ist der Wegbereiter unserer heutigen → Democracy. In Frankreich wurden während der Revolution so lange Leute geköpft, bis eine Demokratie hergegangen ist.
2. Vorläufer der → Fritteuse

**Gulaschsteuer** [ˈgʊlaʃˈʃtɔχɐ] Holländer fordern siebzehnprozentige Steuer auf Kalbsgulasch sowie eine neue DIN-Norm für Gulasche außerhalb des EU-Raumes. Es bildet sich eine Kommission, wobei sich Belgien und Griechenland besonders dagegen sträuben, weil das Tsatsiki in Brüssel die Absolution erfahren hat. Nach den Richtlinien der Ausführungsbestimmungen darf der griechische Bauernsalat keine griechischen Tomaten enthalten, sondern holländische. Die DIN-Norm für die Rundung des Knödels wird sich auch im nächsten Jahrtausend nicht verändern, aber eine Kommission wird gebildet werden, die zwischen Fertigknödeln und ellipsenförmigen Gebilden unterscheiden wird, und eine DIN-Norm wird dem Euro-Dumping eine große Zukunft bescheren.

H

**Haferlschiaber** [ˈhaːfɛrlˈʃiːabɐr] Kriegsdienstverweigerer

**Hämorrhoidenbritsche** [hɛːmɔrˈiːdɛnbrɪtʃe] Ausdruck ungeeignet, um eine Venus zu beschreiben

**Hausl** [hau̯zl] Blockwart oder Domestik; aussterbende Gattung des Heimhandwerkers ohne Bachelor, also nicht spezialisiert, sondern breitenbegabt; multipler Do-It-Yourselfler, erspart seinem Besitzer damit viel Geld; devoter Mensch, der bisweilen die Rolle eines Hundes übernimmt, sich von seinem Herren auch so behandeln lässt; kompensiert die schlechte Behandlung mit hinterfotzigen Reflexen (heimtückisch); menschliche Version des → Camorracracker

**Hausmöbel** ['haʊsmø:bɛl] aussterbende Art; sagt zum Abschied leise »Service«; Faktotum, nicht mehr wegzudenkendes Personal, treue Seele, die sich unauffällig im Haushalt bewegt

**Hautgout** [o:'gu:]
1. Sollte die Gulaschsuppe einen Hautgout (Beigeschmack) haben, lässt sich das mit einer Zitrone beheben, vgl. → Gastronomic-Adventure-Trip
2. elitäres Verhalten hat immer einen Hautgout (humanitärer Beigeschmack)
3. Wenn sich Solidarität als Komplizenschaft herausstellt, hat das einen Hautgout (wie z.B. Minister Zimmermann: → Old-Schwurhand-Affäre oder Minister Wiesheu: Ernennung zum Verkehrsminister nach Rauschfahrt mit Todesfolge)

**Heimat** [ˈhai̯maːt]

1. Die Heimat ist vorrangig ein Zuordnungsgefühl. Wer Heimat »gefunden hat«, gibt sie nur unter Druck und äußeren oder inneren Zwängen wieder auf, vgl. → Heimatverschiebung.
2. Wo Heimat aufgehört hat, Heimat zu sein, entsteht das Heimatmuseum oder Reservat.
3. Die Heimat der → Salmonelle ist nicht ausschließlich der Kartoffelsalat.


**Heimatverschiebung** [ˈhai̯maːtfɛrˈʃiːbʊŋ]

1. Versöderung, Vergewerbegebietung von Landschaftsschutzgebieten
2. Kriege bringen immer Heimatverschiebungen mit sich. Der Einheimische wird aufgrund zunehmender Katastrophen oder Kriege immer seltener, aber auch → Neuheimaten werden gegründet, wie zum Beispiel der Alpenraum, früher Heimat der Dinarier, der Kelten, der Rö-

mer, der Helvetier, der Alemannen, der Bajuwaren: jetzt die Heimat teutonischer Zahnärzte sowie von deren Steuerberatern und Rechtsbeiständen aus der norddeutschen Tiefebene ( → Alien). Heimatverschiebungen gehen mit Mobilität als Heimatgefühl einher. Immer mehr Menschen, die diesen Trend erkennen, wollen ihre gemietete Heimat in ein Eigenheim umwandeln, deshalb ist der seelische Ausdruck modernen Heimatgefühls der Bausparvertrag.

**Heureka** [ˈhɔʏreːkaː] eine Art Erleuchtung, die blitzschnell vor sich geht; entspricht dem deutschen »Aha«. Das Heureka findet beim Genie statt, dem das → »Öha« zu langsam geht. Die Genies stehen nämlich meistens unter Zeitdruck und haben für ein »Öha« keine Geduld.

**Hirschhorncenter** [ˈhɪrʃhɔrnˈsɛntɐ] Fachgeschäft in New York für Trachten aller Art, vgl. → Antilopenledertrachtenanzug


**Hölle** [ˈhœlɛ] 1. vgl. Darstellungen nach Hieronymus Bosch; pädagogisches Produkt; abendländische Idee des Strafrechts, Perfektionierung des Strafrechtsgedankens; zeitlich unbegrenzte Verdammnis, Abschreckungsinstrumentarium im edukativen Prozess; ewige → Fritteuse
2. Lokal, in dem man schlecht isst, aber viel bezahlt
3. Hölle auf Erden: Autobahn A8 Richtung Inntal-Dreieck am Samstag Vormittag (Bettenwechsel)


**Höllenprospekt** [ˈhœlɛnprɔspɛkt] Enzyklopädie der ewigen Verdammnis; im Höllenprospekt sind Luzifer, Satan and some other devils gut illustriert, abgebildet wie man gezwickt und gestoßen wird und bei ewiger Hitze (ab 400 Grad) schmachtet und dabei nichts zu essen bekommt und auch nichts zu trinken

**Homesnowmaker** [hoʊmsnoʊˈmeɪkɐ] Weihnachtsvorbereiter; Pendant zum Laubbläser; Begleitgeräusch zum → Jingle Gebell im → Abfent; bringt Klima wieder in ordentliche Bahnen; macht unabhängig vom Klimawandel; Schneekanone, Schneehaubitze für den Hausgebrauch (Haushaltsschneehaubitze), ganzjährlich zu gebrauchen

**Homo elektro-adaptus** [ˈhɔmoː eːˈlɛktroː-aːˈdaptʊs] Es gibt zwei Kategorien von Menschen. Der eine ist der theoretische Mensch, der fiktive Mensch, das ist der mündige Bürger, der → Homo oralis, also der, den es eigentlich gar nicht gibt. Das andere ist der konkrete Mensch mit all seinen Sorgen und Nöten, das ist der Stromabnehmer, der Homo elektro-adaptus. Die Stromabnehmer wurden früher von den Isar-Amper-Werken oder dem Walchensee-Kraftwerk versorgt, heute von Eon. Der Homo elektro-adaptus ist ein verlässlicher Finanzier der Abwicklung der Altlasten von Atomkraftwerken. Es erschließt sich ihm die Möglichkeit der Bezahlung auf die nächsten 200 000 Jahre (abstottern).

**Homo oralis** [ˈhɔmoː oːˈraːlɪs] Schwätzer, Windbeutel mit chronischer → Logorrhöe; menschliche Existenz, die sich vorwiegend des Mundwerks bedient und deshalb sowohl als Vordergrund- als auch als Hintergrundgeräusch wirksam werden kann (vgl. loud speaker); hat ein erotisches Verhältnis zum Mikrofon.

**Hoppihopp** [ˈhɔpiː hɔp] klassische Aufforderung zum Purzelbaum


**Humanabgase** [huːˈmaːnabˈgaːsɛ] Leibeswinde; wissenschaftlich bisher vernachlässigter Mitfaktor für die Klimakatastrophe; bei der Weltklimakonferenz außer Acht gelassene Flatulenzen menschlicher Provenienz, die wahrscheinlich entgegen aller Voraussagungen nicht die Klimaerwärmung, sondern die nächste Eiszeit provozieren werden.


**Humankapital** [huːˈmaːnkapɪtaːl]
1. Der menschliche Wert, der aus Korrelationen herausgefunden wird. Er kann der Deflation oder Inflation unterliegen, aber auch Zinsen tragen. Z.B.: Die Kosten der Aufzucht eines Kindes werden in Korrelation zum Quadratmetermietpreis in München gesetzt.

2. Rechengröße der Krankenkassen: Messbare innere Werte des Menschen (Niere, Leber etc.) ergeben den Restwert des zu Versichernden.

**Hundling** [ˈhʊndlɪŋ] bewundernswerter Mensch, dessen Eigenschaften und Fähigkeiten auf so gut wie jedem Gebiet uneingeschränkte Anerkennung in der Gesellschaft finden, sei es als Verdauungsgenie, sei es, weil ihm vor nichts graust, sei es wegen seiner Unerschrockenheit illegalen Handlungen gegenüber, sei es bei tollkühnen Finanztransaktionen, sei es als Verbalinjurienkreator zur öffentlichen Diskriminierung von Gegenspielern. Ungebunden an Beruf und sozialen Status ist er der eigentliche Heroe einer modernen Gesellschaft.

**Hundskrüppel** [ˈhʊndskrypɛl] Partisanen, infantile Freicorps gegen pausenlose Übergriffe von Eltern und deren Konsorten; in Notwehr handelnder Infant; phantasiebegabter Schädling; Alptraum jeder Haftpflichtversicherung; Kind, welches mit sehr viel Phantasie ausgestattet sehr effektiv Schäden kreiert. Die Palette reicht von Brandstiftung bis zum Sprengen von Briefkästen (klassische Lausbubenstreiche). Ventil der Pubertät; Triebtäter, der Schaden zum Selbstzweck verursacht aus reiner Freude am Schaden (Schadenfreude). Ursprünglich ideologiefrei Handelnder im Gegensatz zum heutigen Phänomen des Früh-/Jungterroristen; früher: Taten wurden mit Prügel geahndet (→ fundamental basic education); heute: Die Täter unterliegen dem Jugendstrafrecht und sind meist Freigänger.

I

**Imagewallfahrt** [ˈɪmɛtʃˈvalfaːt] Ausflüge von Politikern an Unglücksorte oder in Elendsviertel zur Aufpolierung des eigenen Image. Das öffentliche Sich-Zeigen von Politikern, die ein Gespür dafür haben, sich in Katastrophengebieten mit Sicherheitshelm und Gummistiefeln medienwirksam den Ort des Grauens zeigen zu lassen. Diese Wallfahrt ist meist von kurzer Dauer, da der Politiker rechtzeitig zu einem Arbeitsessen erwartet wird. Aber Sendeplatz für ein Händeschütteln muss drin sein. Das Betroffenheitsgesicht ist wesentlicher Bestandteil der Imagewallfahrt. Die tatsächlich vom Unglück Betroffenen erfahren vom hohen Besuch meistens nur über die Medien.


**Imponderabilie** [ɪmˈpɔndɛraːˈbiːljɛ]
→ Mensch

**Instant-Grübigkeit** [ˈɪnstɛnt ˈgryːbɪgka͜ɪt] auch: Ad-Hoc-Gemütlichkeit; moderner Auswuchs der → Gemütlichkeit; Perversion der Bistro- und Quickgastronomie; Bemühungen, den Metabolismus zu akzellerieren; im weitesten Sinne: input gleich output

J

**Ja mei** [jaː maɪ̯] Exklamation von Judas, nachdem er als Verräter enttarnt worden ist

**Jetlag** ['dʒɛtlɛːg]
1. Disagio bei der Bank
2. der Tag einer Fernreise, den man bezahlen muss, aber nicht bekommt

**Jingle Gebell** ['dʒingl geːbɛl] abfentliche Geräusche, die mit Hilfe von Glühwein Migräneanfälle und Übelkeit generieren

**Jodellodenträger** ['joːdɛl'loːdɛn'trɛːgɐ] Populisten, die versuchen, sich als Volkstribune darzustellen; tragen → Sommer-Stoiber, wesentlicher Bestandteil bayerischer Weltgeschichte, mit Exponaten vertreten im Museum der Bayerischen Geschichte; nicht zu verwechseln mit → Antilopentrachtenlederanzug. Jodellodenträger suchen große Bierzelte (nicht das Käferzelt!) auf, wo sie sich gegenseitig ein → Mpf zu mpfen.

**Just-in-time-Wiesler** [dʒast ɪn taɪ̯m viːslɐ] überpünktlicher Opportunist, der als Rechtgeber, Bejaher oder Verneiner, die von anderen ausgedrückte Meinung schon bestätigt hat, bevor diese überhaupt geäußert wird. Er ist immer auf dem Laufenden, was gemeint werden könnte.

K

**Kasperltheater** [kaspɛrl teːaːtɐ]
1. Live-Unterhaltungsprogramm für Kinder. Man lernt im Kasperltheater, dass der Teufel ein Arschloch ist und das Krokodil (sein Komplize) auch. Und dass der Frosch, wenn er versucht, ein wahrer Grüner zu sein, noch lang kein Krokodil ist.
2. Gemeinderatssitzung oder bayerisches Parlament


**Kaulquappennummerierer** [ˈkaʊlkʊapɛnnʊmɛˈriːrɐ] scheiternde Verhinderer von Gewerbegebieten und Autobahnen, die sich per Megafon erfolglos Gehör verschaffen, um der gesunden Zementgesellschaft Paroli zu bieten; Antagonisten gegen Versöderung der Landschaft


**Kegelbuaerfahrung** [ˈkeːgelbʊaɛrˈfaːrʊŋ]
Empirie und Wahrnehmung des Verhaltens er-

wachsener Menschen aus der Froschperspektive. Die Prima Vista (erster Eindruck) eines besoffenen Erwachsenen gibt dem Kegelbuam frühe Erkenntnisse, wie sich seine Zukunft gestalten kann.

**Keimfreifanatiker** [ˈkaɪ̯mfraɪ̯faːˈnaːtɪkɐ] metastasierender Beamtenapparat, z.B. in Brüssel, der die Gastronomie mit immer mehr Auflagen bepflastert (Abwassergebührenerhöhung, Müllgebührenerhöhung etc.). Die Helfershelfer der Drahtzieher in Brüssel wuchern im Gewerbeaufsichtsamt und zwingen dazu, das Fett in der → Fritteuse zu wechseln. Gegen die Inflation der Gebühren hilft nur, den Kostendruck an die fernöstlichen Spüler weiterzugeben.

**Ketchup** auch **Ketschap** [ˈkɛtʃap] verwandt mit Maggi; Ausdruck des Fortschritts und de-

mokratischer Entwicklung; Gegenthese zu
»vive la différence«; typische Devise: »Pfftpfft-
schlschlpfft«, »Schlppschlppschlschlpchl« oder
»Chchschchsch«; Verb: ketchupisieren, Synonym
zu: ein Gericht verheinzen; ist Bestandteil von
→ demokratisiert, mayonnasisiert, ketchupisiert

**kid check alert** [kɪd tʃɛk ɛl'œrt] Kinderauf-
spürungsgerät; Vorsichtsmaßnahme bei längerer Unterbringung des Nachwuchses im Auto-
mobil: Präzise nach vier Stunden übermittelt
der kid check alert eine Melodie (z.B.
Bi-Ba-Butzemann) auf das Handy und man
weiß, die Kids sind noch im Auto drin.

**Kindergarten** ['kɪndɛr'gaːrtɛn]
1. Brutstätte von → Viren, Bazillen und Epi-
demien, die selbst avantgardistische Krankheits-
erreger als Ausgangsstätte aufsuchen

2. Trainingslager für die Dressur von Wunderkindern, in dem mittels Frühselektion ihre spätere Verwendbarkeit mitbestimmt wird
3. Hier versucht man Infantilität, Kindlichkeit und Phantasie möglichst aus dem genetischen Repertoire auszutreiben. Vorwiegend ist der Kindergarten eine infantile Kaserne, um das Entstehen von Disziplin zu gewährleisten. Spielerisches Spielen ist Zeitverschwendung, solange es nicht an eine edukative Maßnahme gebunden ist. Der pädagogische Zweck im Kindergarten ist, dem Kind eine lückenlose Karriere bis zur Verrentung vorzubereiten. Das Kind muss zum ersten Mal mit dem Phänomen trostloser Fadheit zurechtkommen und lernen Langeweile zu ignorieren.

**Kindkollege** [ˈkɪndkɔˈleːgɛ]
1. assoziiertes Mitglied einer Kinderbande
2. latenter Feind in einer Schulklasse

**Knäckebrot** ['knɛke:bro:t]
1. Skandinavische Spezialität, eignet sich zur freudlosen, lustfreien Ernährung; zusammengesetzte Brösel; geschmacklich nahe der Oblate; diabetikerfreundlich; wird am besten von Leitungswasser begleitet
2. Mensch mit Lebenserwartung in Überlänge, wobei Gehirn und Gemüt wegen Überanspruchung nur bis zur Hälfte der Lebenszeit ausreichen; vgl. → Fadiseur


**Knorpel** ['knɔrpɛl] dentale Herausforderung; artverwandt zur → Flaxe; Überraschungsgast in diversen kulinarischen Formationen, z.B. im → Schnitzel, im → Schweinsbraten oder im → Schweineflaxenkonglomerat

**Konfetti** [kɔnˈfɛtiː]

1. Unterhaltungseinheit, zumeist aus Papier; Stimmungsstimulanz; kann schon in geringen Mengen (ab 40 Gramm) nachgewiesene Stimmungsanschwellung erzeugen. Konfetti ist überall verwendbar, im Büro, in Lokalitäten oder im Freien. Der Trend geht analog zur Luftschlange zum sterilisierten Konfetti (keimfrei), vakuumverpackt und unbrennbar, um den Brandschutzbestimmungen Rechnung zu tragen.
2. Unverzichtbares Accessoire im Bestand sogenannter »Weltraumkits«, um den eventuell im Universum vorhandenen Lebewesen menschliche Existenz zu signalisieren
3. Sonderform: Gedankenkonfetti: bunter Reigen kleinster Ideen (z.B. vom Verkehrsminister), die einmal ausgestreut im normalen Morast versinken.

**Konsumverweigerer** [kɔn'suːfɛr'vaɪ̯gɛrɐ] Veganer, Flagellant, Weihwassertrinker; volkswirtschaftliche Katastrophe, ausgelöst durch eine Irrlehre; Spielverderber an Weihnachten; im Extremfall: Opulenzhasser

**Kormoran** ['kɔrmoːraːn] Fischreiher, der sich nicht an vereinbarte Überflugrechte hält; verursacht am Chiemsee ein regelrechtes Gemetzel, wenn er auf die heimischen Fische losgeht. In Bayern wurden dank der bayerischen Gebirgsschützen schon viele hinausgeschmissen: die Hunnen, die Mongolen, die Römer, die Österreicher. Nur dem Kormoran ist es bislang gelungen, sich seiner gerechten Strafe zu entziehen (Landfriedensbruch). Er erscheint nie als Einzelvogel, sondern nur in Massen. Der Kormoran beruft sich auf seine Komplizen in der Ornithologie.

**Krampus** ['krampʊs] auch: Knecht Ruprecht, Schmutzli; der Krampus erzeugte Generationen von Bettnässern; pädagogische Einbahnstraße als Erziehungspromotor; charakteristisch: Ketten klirren, in Felle gehüllt, rußiges Gesicht, tierisches Vergnügen mit dem → Ochsenfiesel sauber zuhauen zu können

**Kriegskindcharakter** ['kriːgskɪndkaːˈraktɐ] englisch: Selfmade-Manship; sich selber am Schopf aus Elend und Not herausgezogenhabende Existenz; Mitgift fürs Leben: Schlüsselkind. Mangels Vorhandensein von Erwachsenen, vor allem Familienangehörigen, muss sich das Kind eigene Gedanken- und Lebenskonzeptionen schaffen, sprich am eigenen Charakter selbst Hand anlegen; Regulativ dieser Lebenswirklichkeit: → Kindkollegen, die diesen Charakter mitgestalten

**Krokodilstopfleber** [kro:ko:'di:lstɔpf'le:bɐ] Haute cuisine, vgl. → Gastronomic-Adventure-Trip; äquatoriales Schmankerl, vorwiegend in den Everglades hergestellt für Feinschmecker in der ganzen Welt; Herstellung und Ernte unter enormem persönlichem Risiko und Einsatz; Zwangsmästung der Krokodile mit einwandfreien, ungespritzten Bio-Einheimischen sowie Weltreisenden


**Kulturmensch** [kʊl'tu:rmensch] nasalsprechender Mensch, dem das Französische nicht fremd ist, der zwischen Languedoc, Cognac und Bordeaux gut unterscheiden kann; hält sich in Antiquitätenläden oder Bookshops auf; ist beim Lidl oder Aldi so gut wie nie anzutreffen; erscheint im Bayerischen Fernsehen meistens erst ab 1 Uhr nachts.

**Kulturober** [kʊl'tuːroːbɐ] vornehmer Kellner; erweckt im Gast durch seine Ausführungen über das Essen und die Zubereitungsart Ehrfurcht. Ein Kulturober stupidisiert den Gast über seine Ahnungslosigkeit, mit der er bereit gewesen wäre, das sich auf dem Teller befindliche Gericht zu sich zu nehmen, ohne die geringste Ahnung, aus welcher kulturellen Gemengelage alles komponiert worden ist. Dieser Respekt, den er erzeugt hat, verdirbt den Appetit.


**Kundenerwähnungswunsch** ['kʊndɛnɐr'veːnʊŋs'vʊnʃ] Bedarfskomplettierungsanregung von Seiten des Warenanbieters durch freundliche Nachfragen wie »Sonst no was?« oder »Ham ma ois?«, um aus dem Kunden einen Vollwertkonsumenten zu machen. Gratis Lockmittelangebote (»Mag der Kleine a Hirnwurscht?«) ergänzen den Service als Marketingstrategie zur Bindung künftiger Kundschaft.

L

**Leasingvertrag** [ˈliːsɪŋfɛrˌtraːg] mafiöse Praxis insbesondere bei Autohändlern. Die Erfindung des Leasingvertrages ist nur durch das Verschwinden der Religionen und der → Hölle möglich durch Mangel an Verantwortlichkeit und Rechenschaftslegung, da keine Qualen mehr im Jenseits drohen; Abgründe menschlicher Fallenstellerei; Versklavung menschlicher Vernunft


**Leberkäs Hawaii** [ˈleːbɛrkɛːs haːˈvaiː] Anschlussversuch zur Wiedergewinnung von Selbstvertrauen in Deutschland nach zwei verlorenen Weltkriegen.
Man lege hundert Gramm Leberkäs in eine Pfanne mit viel Rinderfett, brutzle ihn gut durch, dann kein Ei drauf, da muss man aufpassen, dass kein Ei draufkommt, dann wendet man den Leberkäs herum auf die andere Seite, wiederum bis er schön schwarz ist, und dann

eine Scheibe Ananas drauflegen. Dazu kann man → Ketchup nehmen und zum Würzen Thymian oder Oregano. Wenn der Besuch a bissl was Pikantes mag, kann man Mix Pickels nehmen, die gibt es in Büchsen. Als Sättigungsbeilage dienen Red Beans, Cörryreis oder Pommes frites.


**Logorrhöe** [loːgɔˈrøː] Sprechdurchfall, wogegen es weder Mittel noch Windeln gibt


**Los-Angelesierung** [lɔs ˈeɪndʒɛlɛˈsiːrʊŋ] Idealfall der Versöderung; Verdichtung; städtische Wucherung; wahlloses Zuscheißen der Landschaft mit Beton; englisch: »mushrooming up«


**Lupophobie** [ˈluːpoːfoːˈbiː]
1. Wolfsangst

2. Angst vor Entzündung zwischen den Gesäßbacken z.B. durch zu langes Radelfahren

**luziferisieren** [ˈluːtsiːfeːriːˈsiːrɛn] verteufeln; das Wort in der eigentlichen Bedeutung beinhaltet Schäbigkeit und niedrige Gesinnung von Leuten, die ihre finsteren Absichten als interessantes Phänomen verkaufen wollen; Erweiterung des Begriffes: dämonisieren

M

**Maikäfer** [ˈmaɪ̯kɛːfɐr] bayerisches Frühlings-Hausinsekt, wohnhaft in Biergärten, symbolisiert Seelenfrieden und Zuversicht; domestiziert in mit Luftlöchern versehenen Schachteln, worin sich seine Lebensdauer erheblich verkürzt, vgl. → fresh air snapping, vgl. auch Wilhelm Busch: »Guckste wohl, jetzt ist's vorbei mit der Käferkrabbelei!«

Selbst wenn er im Juni angetroffen wird, ist es noch lange kein Junikäfer!

Blickt man unter einem herrlichen Kastanienbaum bei circa siebenundzwanzig Grad Außentemperatur in einem Biergarten auf erdbebensicherem Gebiet anhaltend in die Ferne, erkennt aber nichts, so ist es durchaus wahrscheinlich, dass irgendwann dann, oder auch ein bisschen später, ein Maikäfer gemütlich vorüberpropellert. Summ, summ, summ, summ. Der Maikäfer grüßt, man grüßt zurück, weil man kennt ihn ja persönlich. Wohin des Weges, Kamerad? Eijeijei. Wieder ins Pommernland?

**Man-Eater** [ˈmɛːniːtɐr] Menschenfresser vom Stamme der Papalangi; sind mit ihren → deliciösen Galadiners beliebtes Ziel von → Gastronomic-Adventure-Trips; überzeugen durch ihr Benehmen, den herzlichen Empfang, geschmackvolle Tischdekoration (ökologischer Dekor, kein Plastik, das Auge isst mit!) und inbrünstiger Trommel-Darbietung (u.a. »Stille Nacht«, »Kufsteinlied« oder »Horch, was kommt von draußen rein«); verarbeiten nur zertifiziertes Fleisch. Allein der Begriff »Man-Eater« ist missverständlich, da auch Frauen verspeist werden.


**Maulwurfen** [ˈmaʊlwʊrfɛn] jemand maulwurft, der sein Dasein vorwiegend in Wohnhöhlen fristet und im Schatten eines Flachbildschirms die Realität der Welt wahrzunehmen glaubt

**Megaludo** [me:ga:ʼlu:do:] Spiel ab 6 Jahren, wo man nur spielt (pädagogisch nicht wertvoll); wird mit 200-seitigem Regelbuch geliefert. Es gibt Ereignisfelder, wenn man sich mit einem gelben Chip darauf aufhält, braucht man eine Unbedenklichkeitserklärung durch das Finanzamt. Diese bekommt man, wenn man eine sechs würfelt, eine Ereigniskarte zieht und damit zum Steuerberater geht, oder man flüchtet auf ein grünes Feld. Zur Not kann man auch die Emergency-Brake ziehen und nach Bolivien flüchten. Dafür muss man aber im Voraus zahlen, sonst wird man operiert und verliert ein Auge. Schicksalskarten bestimmen den weiteren Spielverlauf, z.B.: »Rücke vor bis Kloster Banz und du kriegst eine kostenlose Mitgliedschaft in der CSU.«, »Du bist im Paragraphendschungel, schieße dich frei!« oder »Beim Börsencrash wirst du reinkarniert als Fleischfliege in einer Metzgerei. Gratulation!«

**Mensch** [mɛnʃ] Imponderabilie und Zwischenwirt, ein Paradies, ein Eldorado für Parasiten aller Art, Bazillen, → Viren, Waffenhändler, Bestattungsinstitute, → Autohändler, auch die Religionen lieben den Menschen. Und die Fußpilze. Ein Mensch kann sein Gesicht nur verlieren, sofern er überhaupt eines hat, und nicht nur eine Visage. Wenn ein Mensch sich als Mensch erkannt hat, ist er gut beraten, das nicht zu erkennen zu geben, gemäß dem Spruch »Ich weiß nicht, woher ich komme, ich weiß nicht, wohin ich gehe, aber ich wundere mich, dass ich so fröhlich bin.«


**Minderheit** ['mɪndɛrhaɪ̯t] Einzelgänger, Singles, Individuen, Subjekte, Querulanten. Die Minderheit selbst ist Ursache für die Mehrheit. Keiner ist in Bayern gezwungen, eine Minderheit zu sein. Jeder hat das Recht, sich einer Mehrheit anzuschließen. Die Minderheit ist der innere Feind im Land, der die Mehrheit terrorisiert. Überall sitzt er drin, zum Beispiel im Fernsehen, wo man der Mehrheit der Bürger faule Fleischreste zeigt, mit Würmern und Trichinen, und das nur, damit der Mehrheit der Appetit vergeht und sie Kerndl frisst und die Landwirte kein Fleisch mehr verkaufen. Die Minderheit schikaniert die Mehrheit solange, bis diese einen Psychiater aufsuchen muss, damit ihr beim Anblick eines → Schnitzels nicht schlecht wird. Genau dieselbe Minderheit ist es auch, die Biergärten schließen will, weil es ihr nicht passt, dass die Mehrheit am Bier eine Freud hat, obwohl man sich in diesem Land aus Tradition zum Bier bekennt und es weit über tausend Jahre aus kultureller Verantwortung trinkt.

**mir** [mɪɐ̯] hochdeutsch: »wir«, damit ist häufig »uns« gemeint

**Mitlöffler** ['mɪtlœflɐ] Überraschungs-Parasit. Man sitzt gemütlich im Bräustüberl mit einer Suppe. Plötzlich zieht der sich am Tisch befindende Nachbar einen Löffel aus seiner Westentasche – nickt freundlich, Einwilligung voraussetzend und führt seinen Löffel in die Suppe. Die Aufforderung, dies sofort zu unterlassen, beantwortet der Mitlöffler mit freundlichem Gebaren und weiterem Mitlöffeln. Der Mundraub-Paragraph verzeiht ihm seine illegale Aktion.


**mottenkugeln** (vor sich hin) ['mɔtɛn'kuːgɛln] eigenschaftsloses Dasein im Nichtstun; Schaffen einer Geruchslandschaft z.B. im Kino, Theater oder in der Operette; jemand, der vor sich hin mottenkugelt, hat gute Chancen auf Platzfreiheit im Zugabteil; ihn umgibt eine Ausdünstung mit Patina; schwer beschreibbares, aber schnell identifizierbares olfaktorisches Phänomen aus der Familie der Urinkugeln

**Mpf** [mpf] Mpf steht für bayerische Weltoffenheit – liberalitas Bavariae → Gemütlichkeit, Gastfreundschaft, tiefste Herzlichkeit; weder eine Abkürzung noch eine Parole, deren Inhalt Auskunft über Leitbilder im Leben gibt; bayerisches Prinzip, das Ethik und Moral kennzeichnet; ähnlich dem SPQR der Römer oder dem Liberté, Égalité, Fraternité der Franzosen; Mpf ist Klang und Geräusch, übt Faszination auf die obersten Lodenträger der Partei aus. Mpf löst einen Reflex aus, wie z.B. eine Wespe unmittelbar auf die Nähe eines Zwetschgendatschi reagiert, so wie die Anwesenheit eines Wurstzipfels einen Hund in Wallung oder zur Schwanzwedelung bringt, so werden Bierzeltbesucher von der Rede eines Mpfers (→ Jodellodenträgers) → enthusiasmiert.

**Multiinsolventenchor** [ˈmʊltiːɪnsɔlˈvɛntɛnkoɐ] Versammlung → pekuniärer Tiefseetaucher, die ohne Sauerstoff beziehungsweis ohne finanzielle Ressourcen sich einem gemeinsamen Abgesang hingeben, weil sie von der Sparkasse abgeschrieben worden sind. Das Ende vom Lied wird in Moll vorgetragen.

**Mummfäule** [ˈmʊmfɔɣlɛ]
1. chronisch: Abolie; Menschen, bei denen Auftrieb und Courage vollkommen darniederliegen; Teilnahmslosigkeit; Fehlen jeglicher Vitalität. Selbst der Geruch einer Bratwurscht kann den Betroffenen nicht aus der Liegestellung bringen.
2. akut: Großwörtler, dessen Handlungsbedarf auf Null sinkt; plötzliches Desinteresse Worten Taten folgen zu lassen

**mushroom searching** [ˈmaʃruːm ˈsœɐtʃɪŋ]
Freizeitbeschäftigung mit ungewissem Ergeb-

nis; eventuelles Einfangen von Katarrhen, Erkältungen, Zeckenbissen oder Pilzvergiftungen nicht ausgeschlossen

# N

**Nachrufredakteur** [ˈnaːχruːfreːdakˈtøːr] Vorahner, Todesengel, Malaugur, Spürnase, riecht Unglücksfälle mit tragischem Ausgang. Das Nachrufbusiness ist eine Art Warenterminegeschäft. Wenn ein Prominenter stirbt, muss der Nachruf schon vorab da sein. Ein guter Nachruf ist so etwas wie die Posthumkosmetik einer Biografie. Der Nachrufredakteur benotet die Lebensgesamtleistung entsprechend folgender Notenrichtlinien: Einser = »unersetzlich«, Zweier = »er lebt im Geist weiter«, Dreier = »hat eine Lücke hinterlassen«, Vierer = »unbequem«, Fünfer und Sechser werden normalerweise nur an bekannte Verbrecher, Monster oder Terroristen vergeben. Meistens wird ein Zweier oder Dreier vergeben; bei Politikern muss bei der Benotung immer etwas gemogelt werden.


**Nebuchant** [neːbuːˈχant] Wiener Ausdruck aus dem Jiddischen, in etwa: Nullinger, eine Unter-

Null-Persönlichkeit, wobei die Anzahl der Kommastellen unter Null nicht genau präzisiert ist.

**neorustikalisieren** [ˈneːoːˈrʊstiːkaːliːˈsiːrɛn] Einführung von Stabilmöbeln für Privathaushalte und Gaststuben; symbolische Verurigung vermeintlicher Vorfahren, die angeblich zum Beispiel an einem Tisch 300 Jahre lang geschafkopft haben, ohne dass der Tisch Spuren davon getragen hätte. Der neorustikalisierte Raum macht nach einer Brandstiftung der Feuerwehr sehr viel Freude, da er lang brennt und mit wenig Plastik durchzogen ist.

**Neuheimaten** [nɔɣˈha̟ɪmaːtɛn] Hochhäuser, Garagen, Kreisverkehre, Sackgassen, Areale gekennzeichnet durch »Betreten verboten!«-Beschilderung, kein Terrain für Kinder und Fleischfliegen, vgl. → Heimatverschiebung

**Nichtschwimmer** [ˈnɪçtʃvɪmɐ] aus Überzeugung oder aus Leidenschaft; hat an einem Badesee nichts zu suchen. Wenn ein Nichtschwimmer ersauft, ist das irgendwie konsequent.

**Nikolausi** [niːkoːˈlaʊ̯siː] oft fälschlicherweise synonym verwendet mit → Osterhasi; in Alufolie getarnter Schokoladennikolaus, erfährt im Januar eine Metamorphose, um als Osterhase die Wiederauferstehung zu symbolisieren

**Nikolausität** [niːkoːˈlaʊ̯siːtɛːt] Autoritätssterben verursacht durch Coca-Cola-Schlümpfe

**Noagerlzuzler** [ˈnɔɐ̯galˈt͡sʊt͡slɐ] gehört zur Familie der Zuzler; Kompositeur eines eigenen Getränkes durch Zusammenschütten anonymer Bierreste

O

**Obatzt is** [ˈoːbaʦ̩t ɪs] Ausruf zur Eröffnung von Parteitagen

**Oblatieren** [ˈoːblaˈtiːrɛn] katholische Verteilung ungewürzter, papierähnlicher Oblaten, insbesondere solcher aus Karlsbad (Öko-Test »sehr gut«); Voraussetzung: seelenbereinigter Schlund durch vorausgegangene Beichte; inspirierte die Beatles zu ihrem Hit *Oblati Oblata*

**oblomowieren** [ɔbloːmoːˈviːrɛn] intelligentes, passives Verhalten; Arbeitskleidung: Schlafanzug; Nichttätigkeitsbereich: Couch, Sofa, Kanapee, Bett usw.; philosophischer Hintergrund: Erkenntnis des Trägheitsprinzips durch Oblomow (herausragender Lethargiker des 19. Jahrhunderts, der in der Sandler-Bewegung und in der Sozialgemütlichen Partei Bayerns auf große Anhängerschaft stößt)

**Ochsenfiesel** [ˈɔksɛnˈfiːzɛl] Edukationsinstrument für orthodoxe Erziehung; Wegweiser; benutzt beispielsweise durch den → Krampus

**Ochsensepp-Principles** [ˈɔksɛnzɛp ˈprɪnsɪpls] Dr. Mueller, or, as we call him: »Ochsensepp«, our political genius in Bavaria gave the ideas of democracy a new power, a new vitality by giving simple answers to very simple questions. A typical Ochsensepp-Question: What do democrats actually want? – The democrats always want a solid majority, in Bavaria: absolute majority. How can we get such a majority? – To have absolute majority, it is necessary to have your own press, your own newspaper, as we have in Bavaria, for instance, the Miesbacher Merkur, to tell the majority, what the majority wants to read. You also need to have a radio-station of your own, as we have the Bayerischen Rundfunk, to tell the majority, what the majority wants to hear. This is the best way to avoid unnecessary minorities.


**Öha** [ø:'ha:] körperliches, schwerfälliges Erstaunen. Das bayerische »Öha« ist ein Erkennen auf niedrigen Touren; ein Wahrnehmen ohne Blitz, ein dem Dämmern ähnlicher Vorgang; erfordert im Gegensatz zum »Aha« und → Heureka ein großes Maß an Geduld und Gelassenheit. Wenn einer »Aha« sagt, heißt das, jetzt weiß er das auch, während jemand, der sagt: »Öha«, damit kundgibt, dass er vorher überhaupt keine Ahnung gehabt hat, und das entspricht wahrscheinlich viel mehr der Wahrhaftigkeit.


**ohrenschmalzfarben** [ˈoːrənʃmalʦfarbɛn] leichte Variante des austriakischen k-und-k-Okker; früher beliebte Farbe für Autos (z.B.

Opel Manta), heute verbreitete Anstrichfarbe für neo-rustikale Häuser

**Oiweida** [ˈɔɣwaɪdɐ] eine Art Hausmeister- oder Blockwartsmentalität; ist immer zum richtigen Zeitpunkt am Ort des Geschehens bzw. auch Nichtgeschehens; ist in der Lage, in jeder Bagatelle einen Skandal zu wittern. »To make a mountain out of a molehill«.

**Oiweinoda** [ˈɔɣwaɪnoːdɐ] Greis, der mühelos sieben halbe Bier täglich absolviert, ohne Anzeichen von Schwäche zu zeigen. Typen, besonders gut illustriert bei Eckhard Henscheid (Genau, Sowieso, Geht in Ordnung)

**Oiweischoda** [ˈɔɣwaɪʃoːdɐ] Stammtischler der ersten Stunde; sitzt immer am selben Platz;

hat die Stunde Null eingeläutet; versucht den gelegentlichen Mitstammtischlern die Minderwertigkeit des Zuspätkommens aufzuhalsen; war schon vor der Erfindung des Maggi da (ca. 1323).

**Okkasionsparasit** [ɔkaːaˈzioːnspaːraːziːt]
couragierter Vorteilsnehmer; jemand, der aus jeder Gelegenheit seinen Vorteil ziehen kann; Augenblicksschmarotzer; Synonym: Abstauber

**Okkupanten** [ɔkuːˈpantɛn]
1. Büro-Besetzer des Bayerischen Rundfunks und Fernsehens
2. Silberfische, die es sich in Feuchtbiotopen (hinter Wasch- oder Geschirrspülmaschinen) gemütlich machen

**Old Schwurhand** [oʊld ˈʃvuːrhɛːnd] Kosename für ehemaligen deutschen Innenminister, der im selben Moment als er seinen Eid ablegte, eine Absenz erlitt. Nachdem der Eid geschworen war, war er augenblicklich wieder im Vollbesitz seiner geistigen Kräfte. Der Schwur wurde mittels der linken Hand (hinterrücks) in die bayerische Erde abgeleitet. Somit war er de facto gegenstandslos und von Meineid keine Rede mehr. Old Schwurhand soll bis ins hohe Alter immer gerne Karl May gelesen haben. Dieser nicht nachgewiesene Meineid führte dazu, dass ein Mitglied der Bayernpartei eine langjährige Haftstrafe absitzen musste.

**original candlelight brotzeiting**
[ɔrˈɪdʒɪnɛlˈkɛːndllaɪ̯t ˈbroːtʃ saɪ̯tɪŋ] wortlose Abendunterhaltung; Hauptattraktion in Ferienorten, die über keinerlei sonstige Infrastruktur verfügen

**Orthografie-Diktatur** [ɔrtoːgraˈfiː dɪktaː-ˈtuːr] Milliardenprojekt mit der Zielsetzung der korrekten Schreibweise.
Der Peugeot-Vertragshändler apropos Rechtschreibreform: Böschoh, Peschot, Peuchot, Pischo, Bescho, Beschott, Poeschoh, Peuchoh, Peogeut u.v.a.m. Er hat davon gelebt.


**Osterhasi** [ˈoːstɐhaːsiː] Synonym: → Nikolausi; in Alufolie getarnter Schokoladenosterhase, erfährt an Pfingsten eine Metamorphose, um als Nikolaus die Geburt des Christkinds anzukündigen

P

**Paradies** [paːraːˈdiːs] ist immer dann, wenn einer da ist, der wo aufpasst, dass keiner hineinkommt.


**Pekuniärer Tiefseetaucher** [peˈkuːˈnɪɛːrɐ ˈtiːfzeːˈtaʊ̯χɐ] monetärer Paddler im tiefen Gewässer ohne Sauerstoffflasche; Schrecken der Geldinstitute; gern gesehener Gast bei Schuldenberatungsstellen und Pfandverleihern


**Persönlichkeitsdesigner** [pɛrˈzøːnlɪçkaɪ̯t͡sdiːˈzaɪ̯nɐ] Wenn einer keine Zeit gehabt hat, dass er eine Persönlichkeit wird, dann kann er einen Kurs absolvieren bei einem Persönlichkeitsdesigner. Jeder Visagist macht ihm das entsprechende Gesicht dazu, das er braucht. Dann hat er ein Image und braucht gar keine Persönlichkeit mehr zu werden, weil er bereits souverän ist.

**piefkinesisch** [ˈpiːfkiːˈneːsɪʃ] ausländisch mit germanischem Hintergrund


**Pompadour** [ˈpɔmpaːduːɐ] von Beruf Madame, davor Lehrjahre als Mademoiselle; Gemahlin Ludwigs des Zweiundfünfzigsten; Geschlecht der Potaten, aus dem später die Pommes - Fritz hervorgehen.


**Poverität der Begriffe** [pɔveːriːˈtɛːt dɐɐ beːˈgrɪfɛ]
1. neue Spracharmut als Kunststil; siehe George Orwell, »New Speak«: Glorifizierung der Spracharmut, um Missverständnisse auszuschließen
2. Ausdrucksarmut. Gute Unterhaltung auf der Basis von 300 Wörtern soll kein Hindernis sein! Trend zum schmalen Wortschatz aufgrund der digitalen Entwicklung (SMS, Twitter usw.)

**Povidieren** [pɔviː'diːrɛn] Fachausdruck definiert von Anton Imielski: spezieller Zustand eines verkorkelten Weins; Wein mit → Hautgout (Beigeschmack); selbst bei → Spitzenweinen aus dem Supermarkt; entsteht bei falscher Lagerung, z.B. wenn der Wein lange der Sonne ausgesetzt ist oder im Weinkeller mit Zentralheizung lagert.

**Präkonditionen** [prɛːkɔndiːʧioː'nɛn] restlose Abklärung von Vorbedingungen; eine ad absurdum geführte Transparenz; das Röntgen von Mietern durch Immobilienmakler oder von Menschen durch die Krankenkassen

**praktizierender Hosenträträ** [praktiː-'ʧiːrɛndɐ hoːsɛn'trɛːgɐ] hartnäckiger Bettnässer aufgrund von verunglückten Erziehungsmaßnahmen, → gschupfte Mütter, → Krampus

**pränatale Zeit** [ˈpreːnaːtaːlɛ ˈt͡saɪ̯t] Spekulatius-Schwemme, Kontamination der Luft durch Glühweinschwaden und akustische Verunreinigung durch sogenannter Punschmusik (→ Jingle Gebell), vgl. → Abfent; Konjunktur der Kaufhaus-Nikoläuse


**Prinzregententorte** [prɪnt͡sreːˈgɛntɛntɔrtɛ] Dicke Berta unter den Torten; eine der Lieblingssüßspeisen von einem Mann aus Braunau


**Preisträger** [ˈpraɪ̯stʀɛːgɐ] zunehmende Erscheinung, die den ständigen Ovations Rechnung trägt.
Unerbittlich suchen sich die Preise ihre Träger.


**Privatdokumentarismus** [priːˈvaːtdoːkuːmɛntaːrɪsmʊs] Zehn Weihnachten werden als

Weihnachtsgeschenk auf zehn Stunden Film zusammengeschnitten. Man schaut sich Weihnachten an, während man filmt, wie man sich an Weihnachten Weihnachten anschaut.

**Projektseelsorger** [proːˈjɛktzeːlˈzɔrgɐ] geistlicher Rat, der wahlweise Autobahnabschnitte oder Schneekanonen einweiht, Acht-Zylinder segnet, Ehen schließt, zum Beispiel zwischen einer Holding und dem Freistaat, oder Marienerscheinungen in Naturschutzgebieten zur Errichtung lukrativer Wallfahrtsorte ermöglicht

**Prostata** [ˈproːstataː] pseudohumoristischer Trinkspruch von Quartalsäufern und Karnevalisten

**Provinz,** sprich: **»Provence«** [proːˈvɑ̃s] Gegend zwischen Hof und Naila; Aufwertung/Nobilisierung mediokrer Lebensweise

Q

**Queenheit** [ˈkʊiːnhaɪ̯t] auffallende Behutung, unter der sich mutmaßlich eine ältere Dame befindet

**Quickästimation** [ˈkʊɪkɛːstiːmaːʧsioːn] Fähigkeit innerhalb von Nano-Sekunden zu entscheiden, ob ein Mensch ein Arschloch ist oder nicht. Fehlerrate liegt höchstens bei 0,03 Prozent.

# R

**Rear Seat Entertainment** [riːɐ siːt ɛntɐr'teɪnmɛnt] Bestandteil der Ausstattung für das Auto als Event-Paradies; Zielgruppe: Autisten; Erfolgsgeheimnis: Sedativum für schwer beruhigbare Kinder

**Reichtumseinwanderung** ['raɪçtuːms'aɪnvandɛrʊŋ] Trend im Gegensatz zur Armutseinwanderung auf der Insel Sylt oder im Tegernseer Tal; Schwemme von Gspickten und Gstopften, mit dicken Brieftaschen versehenen Menschen, die ihre Zuwanderung vollziehen, um dem Begriff »teure Heimat« einen Sinn zu geben.

**Rentenspion** ['rɛntɛnʃpioːn] altertümlicher Ausdruck für »whistle blower«, der mit den Möglichkeiten moderner Technik herausfindet, dass nach 45 Jahren Einzahlung in die Rentenkasse im Rentenalter keine Rente zum Überleben bleibt

**Respekt** [reːˈspɛkt] schwebender Begriff zwischen zu viel und zu wenig, der immer noch nach Antworten sucht; entspricht als Gruß dem französischen »Chapeau!«

**Revolutionär** [reːvoːluːˈʦioːnɛːr] einer, der in der Oper während des zweiten Aktes vom »Fliegenden Holländer« seine Socken auszieht; einer, der sich im Wirtshaus entleert, ohne die Toilette aufzusuchen

**Roll Over Protection System** [roʊl ˈoʊvɐ prɔˈtɛktʃen ˈsɪstem] Abkürzung: ROPS; sorgt im Falle eines Überschlages dafür, dass der Autofahrer (oder häufiger: die Autofahrerin)

lebendig herauskrabbelt und anschließend noch eine Weißwurst verzehren kann. Wenn Jörg Haider, österreichisch-kärntnerischer Politiker, damals einen ROPS gehabt hätte, stünde Österreich politisch heute ganz anders da.


**rosaroter Fertigschmeck** [roːsaːˈroːtɐ ˈfɛrtɪɡʃmɛk] geschmackloses, angeblich kalorienfreies Nahrungsergänzungsmittel; an jeder Tankstelle erhältlich; voll von Aromen, Geschmacksverstärkern, Emulgatoren, Säuerungsmitteln und Stabilisatoren


**Rückblickserwartung** [ˈrʏkblɪksɐˈvartʊŋ] Irrealis der Vergangenheit. Beispiel: »Wenn der Ding koa Idiot gewesen wär, dann hätt's sei kenna, dass er a Depp worn waar.«

**Ruheerzwinger** [ruːhɛɛrˈt͡svɪŋɐ]
1. Bestien-Beschwichtiger, Dompteur
2. Schocktherapeut


**Ruhestifter** [ˈruːhɛˈʃtɪftɐ] Peace-Maker

S

**Salmonella Sisters** [zalmoːˈnɛla ˈsɪstɐs] Eiweiß-Sirenen; singen und tanzen auf dem Spiegelei; interpretieren den Tanz der Speisereste auf Papptellern; haben gute Beziehung zum Flotten Otto im Gewand des Noro.

**Salmonelle** [zalmoːˈnɛlɛ] ihre Heimat ist nicht ausschließlich der Kartoffelsalat; korreliert mit Kantinenbewirtung. Wann endlich vertritt der Tierschutz die Belange und Persönlichkeitsrechte der Salmonelle, besser: Wann wird die Salmonelle zum Bakterium des Jahres gekürt?

**Schangse (Chance)** [ˈʃaŋzɛ] vgl. → Okkasionsparasit; Schangse durch eine Waren-Produkt-Mutation, z.B. in der Fleischverarbeitung: wenn tschechisches Pressfleisch über Griechenland zum portugiesischen Biofleisch avanciert (auch »salmonellische Lösung« genannt)

**Scheichin** [´ʃaɪ̯çɪn] eine von mehreren Scheichsgattinnen; in München schon morgens ungefrühstückt bevorzugt in der Maximiliansstraße im Einkaufsrausch (shopping spree) anzutreffen

**schildkröteln** (vor sich hin) [´ʃɪldkrø:tɛln] sich in der Nähe des Stillstandes aufhaltende Menschen. Sie fallen nicht auf, weil sie so langsam sind. Menschen, die in der Flaute mit der Zeit segeln. Die Zeit kommt mit dieser Langsamkeit nicht mehr mit. Sie ist sich selber im Verzug.

**Schlurch** [ʃlʊrç] gehört zur Familie der → Okkasionsparasiten; vegetiert in juristischer und gesellschaftlicher Grauzone

**Schmei sniffing** [ʃmaɪ̯ ˈsnɪfɪŋ] bavarian tradition: Schnupftabak, Anbau in äquatorialen Ländern, verpackt vorwiegend in Geisenhausen (Niederbayern), raffiniert by Pöschl's (Lower Bavaria). Schmei sniffing ist eine Art der Hirnreinigung über die Atemwege. Ein Schmei sniffer ist jemand, der, bereits bevor er eine Suppe probiert, Maggi hineinhaut.


**Schnelldienstheiliger** [ˈʃnɛldiːnstˈhaɪ̯liːgɐ] edukatives Hilfsorgan in der → pränatalen Zeit; meist Studenten, die als Aushilfs-Nikoläuse mit Bart Tradition suggerieren sollen


**Schnitte** [ˈʃnɪtɛ] eine Scheibe Brot belegt mit Dingen, die früher bei deutschen Flüchtlingen aus dem Osten sehr beliebt waren (Schiebewurst, Sanella, Kunsthonig, Rübenkraut)

**Schnitzel** [ˈʃnɪˈsɛl] von der → Fritteuse bedrohtes Genussmittel; vgl. auch Beethoven und Mozart. Im Gegensatz zum → Schweinsbratn ist das Schnitzel das Feinere, das Besondere, das Bessere-Leute-Essen, was damit zu tun hat, dass ein Wiener Schnitzel aus Kalbfleisch sein muss, nicht zu verwechseln mit dem Schnitzel Wiener Art (Schweineschnitzel)! Das Schnitzel stammt aus dem osmanischen Reich. Ohne die Bayern gäbe es heute kein Schnitzel in ganz Europa. Die Bayern haben das Schnitzel in der Schlacht vor Wien erobert. Wenn man vom Schnitzel redet, redet man also indirekt von der großen, weiten Welt.


**Schoaßblattern (-blodern)** [ʃɔasˈbloːdɐn]
1. Dame mit üppiger Gesäßmuskulatur
2. Ausdruck, der von Juristen missbraucht wird, um unter dem Vorwand des Beleidigungssachverhalts Geld einzutreiben

**Schubidu** [ʃuːbiːˈduː] Grundgeräusch, welches mehrere Dekaden der deutschen Nachkriegsschlagerzeit geprägt hat. Akustischer Teppich, der sich in die Gehörgänge einschleicht, wie ein Karamell in ein offenes Zahnloch einzieht.

**Schwedischer Kaffee** [ˈʃveːdiʃɐ ˈkafeː] ukrainisches Alltagsgetränk. Man nimmt eine große Tasse, schon einen Schapfen, und da schüttet man ein bisserl einen schwarzen Kaffee rein, versenkt eine Münze drin, und dann schüttet man das Ganze mit einem Obstler oder einem Enzian wieder auf, so lang, bis man die Münze wieder sieht.

**Schweigende Mehrheit** [ˈʃvaɪ̯gəndɛ ˈmɛɐ̯haɪ̯t] diffuse Erscheinung; soziologisches Phänomen; klandestines Gruselkabinett; bedroht von → Minderheiten aller Art. Die Mehrheit ist äußerst still (schweigend). Diese Lautlosigkeit verblüfft die Meinungsforscher. Laut sind nur Minderheiten, weil sie einen Minderheitenkomplex haben und deshalb auf sich aufmerksam machen wollen. Trotzdem sind der Mehrheit die Minderheiten wurscht. Die schweigende Mehrheit wächst durch die zunehmende Diffusion und das Sich-Profilieren der Minderheiten. Sie hat immer einen Fensterplatz im → Circus Maximus.


**Schweineflaxenkonglomerat** [ˈʃvaɪ̯nɛˈflaksɛnkɔŋglɔmɛˈraːt] Verdauungshindernis; lange Zeit synonym verwendbar mit → Schnitzel, wurde in der Haute cuisine endgültig an den Rand gedrängt. Heute findet die Flaxe ihre Vollendung als burgerliches Gericht auf den Tellern gutgläubiger Esser.

**Schweinsbratn** [ˈʃvaɪ̯nsbratn] Urvater einer Sage, deren Epigonen meistens ins Fettnäpfchen treten. Die wirklichen Schweinefleischesser sitzen im mitteleuropäischen Raum, wo die Sau den Zenit ihrer Erfüllung erreicht. Es gibt zwar eine Uridee, eine Idealvorstellung, aber das Schöne am Schweinsbratn ist, dass er an jedem Ort, zu jedem Zeitpunkt und bei jeder Familie anders schmeckt. Ein Schweinsbratn, der seinen Namen verdient, muss unter würdigen Bedingungen zu sich genommen werden. Wenn man sich auf ihn einlässt, darf man nicht hektisch sein oder unkonzentriert. Der Bewegungsablauf ist wichtig, genauso wie der Gesichtsausdruck und die Art, wie man vorm Teller sitzt. Rock und Pop sind keine Musik für einen Schweinsbratn, stattdessen empfiehlt sich das Mittagskonzert des Bayerischen Rundfunks.

**Schweinsohr** [ˈʃvaɪ̯nsoɐ̯] norwegisch: Uller; Amulett oder Talisman gegen Koran-Fanatiker und islamische Fundamentalisten, besonders nützlich auf Reisen


**Secondhand-Gag** [sɛkəndhɛːnd gɛk] Wiederaufgewärmte Kalauer, insbesondere im Bayerischen Fernsehen behoamatet


**Seitentaschenweisheiten** [zaɪ̯tənˈtaʃən ˈvaɪ̯shaɪ̯tən] oberflächliches Wissen, welches bei Small-Talks Eindruck heischend die Unkenntnis des Vis-à-Vis vertieft. Der Träger von Seitentaschenweisheiten hat selbige immer griffbereit wie ein Papiertaschentuch, um sie noch ahnungsloseren Zuhörern jederzeit aufdrängen zu können.

**Semmelaktion** [ˈzɛmɛlakˈsioːn]
1. gezieltes Versemmeln für mitleidige Zwecke
2. Marketingidee für Teigwaren in Niederösterreich


**Sexual-Brotzeit** [zɛksʊˈalbroːtˈsa͜ɪt] erotische Höhepunkte zwischendurch; Happy-Hour oder Absacker; Stand-up-Kopulation: erfolgt meist in Nischen wie Besenkammerln, Garderoben oder Beichtstühlen; selten Vorspiel, meistens Nachspiel


**Siemensler** [ˈziːmɛnslɐ] aussterbende Art; soziologische Gruppierung, deren historische Bedeutung noch zu definieren ist, siehe → Alien; in den Fünfziger- und Sechzigerjahren vor allem in Wohnwaben anzutreffen. Nach mehrjährigem Aufenthalt in Oberbayern bewahrt der Siemensler in der untersten Schublade seines

Einbauschranks einen Trachtenanzug auf. Siemensler fallen scharenweise auf das Oktoberfest auf vorab reservierte Biertisch-Gruppen ein. Sie sind selten einzeln anzutreffen. Dem Siemensler begegnet man heute nur noch als Frührentner im Trachtenanzug. Seine generöse Abfindung gibt ihm nach wie vor die Möglichkeit, am Oktoberfest starke Präsenz zu zeigen sowie Kreuzfahrten in die Karibik zu unternehmen.

**sinnlosen** (vor sich hin) [ˈzɪnloːzɛn] kontemplatives Vegetieren; Daseinsberechtigung ohne Hintergedanken; Zwischenstadium zwischen Homo faber und Homo ludens

**Softbiss** [ˈsɔftbɪs] Sonderform des → Knäckebrot; Weich-Knäckebrot, knackfreie Variante; geeignet für Nicht-Gebissträger und Menschen ohne Zahnzusatzversicherung

**Sommer-Stoiber** [ˈzɔmɐ ˈʃtɔɣbɐ] CSU-Uniform für die warme Jahreszeit, vgl. → Winter-Stoiber; ideal im heimischen Feuchtbiotop (vulgo Bierzelt, vgl. → Jodellodenträger), aber für den wahren Dschungel nicht geeignet

**Sparifankerl** [ˈʃpaːriːˈfaŋkɛrl] junger, alerter, armer Teufel; kommt aus dem Ungefähren; Spezialität: Einsammeln der Seelen von Immobilienmaklern oder Banklern als Teil seiner praktischen Ausbildung; Student der Diabolik bei Luzifer mit ungeklärter Altersvorsorge

**Spitzenwein** [ˈʃpɪt͡sɛnˈvaɪ̯n] Exquisite Entdeckung aus dem Supermarkt, Wein, den man direkt beißen kann, z.B. Burgenländer Doppler für 2,58 Euro. Blütezeit der Spitzenweine während der Glykolära, wie Pieroth (Spitzenwinzer) oder Burgenländer Eiswein, vorwiegend zum Gehsteig-Enteisen geeignet (Enteiswein). Bei der Auswahl des Weines hält sich der Weinkenner an seinen Wahlspruch: »Der Wein, den man trinkt, ist immer so gut, wie der, den man geschenkt kriegt.«

**Sprachtratzerl** ['ʃpraːçtraʧsɛrl] Stimulation zur Rede; nach längerer Sprachpause Ankurbelung eines Dialogs mithilfe einiger Sprachfetzen wie »Schweinerei«, »Saustall« oder »Die ghean doch alle äh...«

**Sterbeschutzbrief** ['ʃtɛrbəʃʊʧsbriːf] Servicepaket: Mit einem Sterbeschutzbrief kann man europaweit sterben, von Stockholm bis Palermo, und kommt innerhalb von achtundvierzig Stunden als Urne an seinem Bestimmungsort an, korrekt beschriftet, mit allen Papieren plus Echtheitszertifikat für die Asche, grünem Punkt für sortenreine Verbrennung mit Wirbelschichtfeuerung bei konstant achthundertvierzig Grad Celsius nach Euronorm, inklusive theologischer Rundumbetreuung für Angehörige jeglicher Konfessionen sowie Sterbeporträt und einer Flasche Slivovitz.

**Steuervorauszahlungsabsetzungsänderungswunsch** [ˈʃtɔɣɐfoːrˈaʊ̯ʃˈsaːlʊŋsˈabzɛʦʊŋsˈɛndɐʊŋsˈvʊnʃ] Alptraum der Steuerzahler vor der Abgabe der Einkommenssteuererklärung; Hilfeersuch eines freischaffenden Durchschnittsverdieners, um die → Abfentszeit noch zu erleben. Desperater Befreiungsversuch einer unmittelbar drohenden Liquidierung durch Steuereintreibung. Wenn diesem Wunsch nicht stattgegeben wird, droht Suizid.

**Streichelkind** [ˈʃtraɪ̯çɛlkɪnt] geleastes oder gemietetes Kind, ausgesucht in einem Casting, um als lächelnder oder sternsingender Emotionspromoter einem Autokraten gereicht zu werden, der davon ausgeht, dass sein Wahlergebnis mindestens um 10 Prozent durch gezeigte Kinderliebe nach oben gepusht wird. Nur über Kinderliebe zum Erfolg! Sie unterstreicht Volksnähe. Streichelkind ist in Zweifachverwendung als Werbeträger für Katzenfutter wiederverwertbar.


**Subdominante** [ˈzʊbdoːmiːˈnantɛ] neue Bürohochhäuser, die zunehmend die Peripherie der Städte ausmachen, vgl. → Los-Angelesierung; stehen manchmal wahllos als Geisterkratzer in der Gegend herum und gelten als Abschreibungsdelikatesse.

**Subventionsnische** [ˈzʊbvɛnˈsioːnsniːʃɛ] gemäß dem Bibelspruch »Sie säen nicht, sie ernten nicht und dennoch nähret sie der liebe Gott« leben leistungsschwache Organisationen und Menschen ihre subventionierte Freiheit. Die Subvention verleiht der Sache einen humanitären Anstrich, erzeugt Wohlhabenheit und Frohsinn beim Empfänger. Sie ist ein Dauerläufer, wird immer weiter bezahlt, ohne dass der Anlass noch erkennbar wäre.

T

**televisioning** [teːlɛˈvɪʃenɪŋ] unterbewusstes Dauerbetrachten von tonreduzierten Fernsehsendungen in Wirtshäusern, Hotellounges, Wartesälen und Wohnküchen


**Termitenravioli** [tɛrmˈiːtɛnraviˈoːliː] neueste Kreation der Sterneküche; typische Beilage zu anthropophagen Hauptgerichten. Rezeptvorläufer entstammen dem Speiseplan der Aborigines. Bei feierlichen Anlässen spuckt deren Bürgermeister persönlich auf die Ravioli, was so viel bedeutet wie »Guten Appetit«; vgl. → Man-Eater, → Gastronomic-Adventure-Trip


**Tiramisugeschädigte** [tɪramɪˈzuːgeːˈʃɛːdɪgtɛ] Opfer der → Salmonellen. 2009 fand erstmals ein Wohltätigkeitsessen, und zwar das »Lobster-Festival zugunsten der Tiramisugeschädigten« auf den Virgin Islands statt.

**Toleranz** [tɔlɛr'ans]
1. Toleranz ist kein deutsches Wort, das ist ein Fremdwort. »Etwas tolerieren«, das bedeutet etwas aushalten. Wenn früher einer Folterungen überlebt hat, dann war der tolerant.
2. Toleranz ist sehr individuell, das geht bis zu den inneren Organen. Der eine frisst eine Schweinshaxe mit zwei Knödeln und noch einen Apfelstrudel dazu, weil sein Magen es toleriert. Der andere sauft einen Kamillentee und es wird ihm schlecht.
3. Tolerant ist jemand, der einen anderen grüßt, obwohl dieser sein Nachbar ist.
4. Nur ein Depp ist immer tolerant.


**Trinkarm** ['trɪŋkarm] vgl. Schreibhand; Arm, mit dem bevorzugt der Maßkrug gehoben wird.

**Tsatsikisieren** [ˈsaˈsiki:ˈzi:rɛn]
1. Auf Vordermannbringen lauwarmer gastronomischer Auslaufprodukte hellenischer Provenienz
2. Durchspielen aller Varianten zur Vermeidung von Vertragserfüllung oder Rückzahlung jeglicher Schulden und Steuern. Heiteres Verschieben eines Zahltages auf den Sankt Nimmerleinstag (griechischer Kalender).

**Tschurangrati** [ˈtʃuːraŋˈgraːtiː] von David Livingstone in Afrika entdeckte Gegend, wo die Menschen die Hoffnung hegen, einmal das von der CSU geprägte »Mia san mia«-Gefühl mittels Autosuggestion zu erreichen. Ökonomisches Fundament der bilateralen Beziehung zwischen Tschurangrati und Bayern war die Produktion der Original Münchner Weißwurst Togo. Die resultierenden schwarzen Zahlen wurden in Bayern sofort geschwärzt.

**tschüsseln** ['tʃʏsɛln] penetrante Form des Sich-Verabschiedens. Das scharfe Ü wirkt auf Altbayern wie das hohe C auf einen Hund, es erzeugt Rückenschauer; metastasierendes Geräusch, das wie ein Dolchstoß in das akustische Harmoniegefühl eines Bajuwaren sticht.

**Tsiganologe** [ˀsiː'gaːnoː'loːgɛ] Sesselpfurzer, oft in Landratsämtern eingesetzte Fachkraft, die nomadisierenden Menschen eine Sesshaftigkeit aufzwingen will. Hat in seinem Schlafzimmer Gemälde von Drei Weißen Birken, der Schönen Zigeunerin, manchmal auch Dürers betende Hände.

**Tuttologo** [tʊtoː'loːgoː] italienisches Wort für Gscheidhaferl, Besserwisser, Gschaftler

U

**Ubiquitierer** [ˈuːbiːkvɪˈtiːrɐ] ein Jederzeit-und-Überall-Seier; zumeist Politiker, der zur selben Zeit an verschiedenen Orten erscheint, um gleichzeitig unterschiedliche Events zu besuchen. Während man sich von ihm verabschiedet, kommt er zur selben Tür schon wieder herein, um einen Besuch abzustatten, obwohl er eigentlich gerade auf einer Kreuzfahrt in der Karibik ist, was ihn aber nicht daran hindert, synchron auf der Firstalm eine Schmalznudel zu essen und das nächste Meeting zu besprechen.

**Umweltschmutz** [ˈʊmvɛltʃmʊt͡s] Schnee, Laub, Pollen bedrohen vornehmlich Reihen- oder Doppelhaushälften-Besitzer; Erscheinung variiert nach Jahreszeit und wird vorwiegend von Laubbäumen verursacht, deren Schatten im Sommer zu Bemoosung auf Pflasterwegen und Hausdächern führt; auch Vogelscheiße oder Fliegenkadaver im Autolack.

**Unbravheit** [ˈʊnbraːfhaɪ̯t] Häufige Ursache dafür, dass alljährlich Kinder vom heiligen St. Nikolaus und seinem Erfüllungsgehilfen → Krampus in den Sack gesteckt werden, obwohl sie die donnernde Frage: »Bist du auch immer brav gewesen?« eindeutig, wahrheitsgemäß und laut mit »Ja« beantworten haben.


**unforced time passing** [ˈanfɔɐ̯st taɪ̯m ˈpɛːsɪŋ] internationale Version des → vor sich hin Sinnlosen


**ungustiös** [ʊŋɡʊsˈtiøːs] Gegenteil von → deliciö; ausgestorbener Begriff für »Scheiße«; Ausdruck großbürgerlichen Erschauderns über proletarische Lebensformen

**Unschuldsvermutung** [ˈʊnʃʊltsfɛɐ̯ˈmuːtʊŋ] gewährt Gesetzübertretern sowie dem Streiche-angestellt-Habenden uneingeschränkte Achtung und Respekt. Erst das Erwuschen-worden-Sein ändert die Situation, wandelt die Vermutung zur Gewissheit.


**Urviech** [ˈuːrfiːç] Mensch, der über außergewöhnliche Fähigkeiten und Anlagen verfügt, z.B. kann er Beethovens Neunte rülpsen oder raucht sofort nach einer gelungenen Lungenoperation zwei Schachteln Zigaretten. Trotz abhanden gekommenem Führerschein ist er in der Lage, auf dem Mittleren Ring in München mit 127 km/h so zu fahren, dass er jedes Radar überlistet. Das Urviech ist auf hygienische Maßnahmen nicht angewiesen. Seine Leberwerte lassen Stüberlsitzer und Schnapsdrosseln vor Neid erblassen und werden jährlich im Guinness Book of Records aufgeführt.

# V

**Verantwortungsnehmer** [fɛr'antvɔrtʊŋs-'neːmɐ] Responsabilist; professioneller Watschenmann. Heute geht die Tendenz dahin, dass man den Verursacher eines Schadens vom Verantwortungsnehmer trennt. Der Verantwortungsnehmer übernimmt gegen ein Honorar jede Verantwortung moralischer und ideeller Art, z.B. für Großflughäfen, Wiederaufbereitungsanlagen, Verseuchung der Weltmeere, Zusammenbruch von Landesbanken etc., allerdings ohne finanzielle Konsequenzen. Die trägt der Steuerzahler.


**verchristen** [fɛr'krɪstɛn] historisch abendländische Aktionen, die Millionen Menschen das Erdenleben gekostet haben, nicht aber den Einzug ins Himmelreich. Z.B. ließ Karl der Große (Sachsen-Schlächter) im 8. Jahrhundert Tausende von ungläubigen Sachsen köpfen, um ihnen den christlichen Glauben näherzubringen.

**Verdideldummung** [fɛrˈdiːdɛlˈdʊmʊŋ] Vollbeschallung; akustischer Urin; sickert überall ein, vom Hotelzimmer bis in die Tiefgarage, vom Gastraum bis in die Toilette, vom Skilift bis zur U-Bahn-Haltestelle; kann zu reduzierter Sexualtätigkeit (Verhinderung von → Sexualbrotzeiten) führen und löst damit einen steten Geburtenrückgang aus.


**Vermaisung** [fɛrˈmaɪ̯zʊŋ]
1. Monokultur, die von der Monsantisierung und Biogasanlagenschwemme ausgeht; ökologische Sackgasse
2. Etablierung des Maiszünslers als Promoter der Agrar-Apokalypse


**Veroperung** [fɛrˈoːpɛrʊŋ] Pavarottisierung (Aufblähen und Gigantisieren von Bagatellen; eine Verschwülstigung von Feinheit und Grazilität); Synonym zu Fanfarisierung; Bombastisieren von Windbeuteln (Windbeutelei)


**verschwäbischhallen** [fɛrˈʃvɛːbɪʃˈhalɛn] schwäbisches Menetekel 1: Vertrostlosung endloser Baugebiete durch Einfamilienhäuselei; in Realität umgesetzte Ontologie, wo sich der Bausparvertrag als Unsinn der Existenz des menschlichen Wesens vom Sein niederschlägt.


**Verwüstenrottung** [fɛrˈvyːstɛnˈrɔtʊŋ] schwäbisches Menetekel 2: siedlungsartiges Metastasieren mittels Bausparidee; Attacke auf intakte Grünflächen bzw. Flora und Fauna. Diese Bauleidenschaft befeuerte auch den Bau von Carports bzw. Eigenheim-Garagen sowie die Grillkunst und Grillbewegung (ital.: movimento grillo). Thujen-Heckenschützen bewachen das Eigenheim.

**Virus** [ˈviːrʊs] scheuer und amorpher Beobachter menschlichen Treibens; betrachtet Antibiotika zunehmend als Scherzartikel; bewegt sich bevorzugt als Individualreisender via feuchtem Händedruck, Dickdarm, Schiffstoilette oder Hund (→ Wasti). Immer am Faschingsdienstag findet der Virenkongress in München zur Vorbereitung des jährlichen → Grippenspiels statt.


**vital resignieren** [ˈviːtaːl reːziːˈgniːrɛn]
1. Leck-mich-am-Arsch-Politik
2. tiefes Bekenntnis zum Rotwein (mind. 14 %)


**Vollkasko-Gemütlichkeit** [ˈfɔlkaskoː geˈmyːtlɪçkaɪ̯t] moderne Ausprägung der → Gemütlichkeit; Ausdruck der → Vollkaskoisierung; innerer Frieden durch Rechtsschutz-, Haftpflicht- und ähnliche Versicherungen

**Vollkaskoisierung** [ˈfɔlkaskoːiːˈziːrɛn] Verbreitung und Verkauf des Gefühls, dass die eigene Rücksichtslosigkeit advokatorisch bestens abgesichert ist. Rücksichtslosigkeit muss sich wieder lohnen!


**Vollzeitbrotzeitholer** [ˈfɔlt͡saɪtˈbroːtt͡saɪtˈhoːlɐ] Brotzeitversorgung rund um die Uhr; 24-Stunden-Service → Brotzeitholer im Haupterwerb; Idealist mit tief ethischem Konzept, der basierend auf der Idee des Samaritertums frühzeitig mit der Käfighaltung (→ Humankapital) Mitleid entwickelt hat und bereit ist, für ein Gehalt knapp über Hartz 4 diesen gequälten Menschen, die wie Galeerensklaven vor ihren Computern sitzen, mit einer schönen Brotzeit den Alltag zu erhellen.

**Vor Ort** [fɔr ɔrt] sprachliche Modeerscheinung, unheilvolle Verwechslung der Präpositionen »am« und »vor«. Politiker und Journalisten täuschen mittels der Präposition »vor« Anwesenheit vor. Sie sind nach eigenen Angaben »vor Ort«, also nicht am Ort. Allerdings bleibt von dieser Erscheinung eine Redeweise unangetastet: Statt »vor« heißt es immer noch »am Arsch lecken«.


**Vorwitz** [ˈfɔrvɪʦ] Ein junger Vorwitz freut sich seines Lebens. Er kann einem flugs ein X für ein U vormachen, aber auch umgekehrt. Dabei hebt er niemals ab ins Ungefähre oder gar ins Aberwitzige.

**Wasti** ['vastiː] vulgo Straßenköter; Herberge für Biotope aller Art; beliebtes Ausflugsziel für den H-Bandwurm (Echinococcus granulosus, aus der Familie der Taeniidae der Ordnung der Cyclophyllidea der Klasse der Cestodae). Typische Konversation mit einem Wasti: »Ja, wo is er denn?« – »Ja, da is er!« (engl. »Where is he?« – »There he is!«)


**Weberknecht** ['veːbɐrknɛçt] vielbeiniges, filigranes Hausinsekt, das vor allem im Winter menschliche Nähe sucht


**Weihnachtsgratifikation** ['vaɪnaxtsˈgraːtiːˈfiːkaːˈʦioːn] harte Fakten nach Bethlehem


**Weihnachtsneger** ['vaɪnaxtsˈneːgɐ] Im Rahmen der Aktion »Brot für die Welt« legt sich der Gutmensch einen Maximalpigmentierten (bevorzugt Akademiker) unter den Tannenbaum, um seinen Gefühlen ein Elysium zu geben. Der Gebrauch des Weihnachtsnegers ist zeitlich limitiert. Seine Aufbewahrung erfolgt außerhalb der Weihnachtstage im Flüchtlingsheim. Eine Wandlung hin zum Weihnachtsflüchtling ist zu beobachten, da das Wort »Neger« nicht mehr korrekt ist.

**Weihwasser-Waterboarding** [ˈvaɪ̯vasɐ ˈʊɐtɐˈbɔɐdɪŋ]
1. symbolischer Taufvorgang
2. Katholisch machen von obstinaten Personen; gefügig machen; jemanden zu Kreuze kriechen lassen

**Weißwursttarzan** [ˈvaɪ̯svʊɛstˈtarʃaːn] Euphemismus, verkörpert nicht den Tarzan, sondern eher die Weißwurst, bleibt mehr als Wursthaut in Erinnerung. Mensch mit schmalem Esprit, der eine wässrige Figur macht und dessen Erscheinen im Nu verbleicht.

**wie eine Brezn da sein** [viː ˈaɪnɛ ˈbreːʃsn daː zaɪ̯n] kontinuierlich pünktliches Erscheinen, z.B. zu Weihnachts- oder Neujahrsansprachen von Bundespräsidenten, Kanzlerinnen, Kanzlern, Staatspräsidentinnen und Staatspräsidenten. Nur rechtzeitiges Ausschalten des Fernsehapparats schützt einen vor dieser Heimsuchung.

**Wiesn-Champion** [ˈviːzn ˈtʃɛmpɪɛn]
1. schmackhafter Feld- und Wiesenegerling
2. Oktoberfest-Gast, der zwischen 11 und 17 Uhr mindestens 10 Maß Bier zu sich nimmt, trotzdem sicher heimfährt und dabei noch bereit ist, andere Fahrgäste mitzunehmen.

**Winter-Stoiber** [ˈvɪntɐ ˈʃtɔɣbɐ] Variante des → Sommer-Stoibers für die kalte Jahreszeit


**wir** [viːɐ] Unwort des Jahres; kollektives Missverständnis; persönliches Fürwort, dem schon viele Menschen zum Opfer gefallen sind. Dieses Wort ist geeignet, um Illusionen, Selbsttäuschungen oder nationale Rauschzustände zu verursachen. Wir, das sind im Grunde genommen immer die anderen – und das wissen diese auch genau. Das Wort »ich« böte sich als Ersatz, allerdings wird auch hier vor übermäßigem Gebrauch gewarnt!


**Wolfsbeauftragter** [ˈvɔlfsbeːˈaʊftraːgtɐ] von Landratsämtern eingesetzter Tranquilizer, um von → Lupophobie in Panik geratene Mitbürger zu beruhigen. Der Wolfsbeauftragte ist ein kommunaler Kostenfaktor, aber ein Placebo, da er in Wirklichkeit nicht auszumachen ist (vulgo fake). Der Wolfsbeauftragte besitzt ein Büro und einen eigenen Fahrer; wird jedoch seltener gesichtet als der Wolf selbst.


**Wühlmausschockanlage** [ˈvyːlmau̯sˈʃɔkanˈlaːgɛ] voll elektronische Maschine zur Prävention einer Wühlmausplage oder Schermisere; 3.250 Euro Grundpreis; löst eine Art Mini-Erdbeben in unvorhersehbaren Abständen aus zur Wahrung der Unversehrtheit des Rasens; Ortung der Wühlmaushaufen mittels Drohneneinsatz; ähnlich erfolgreich und relevant in der Vorgartenlandschaft wie die Taubenverscheuchanlage

# Z

**Zeitsparer** [ˈʦaɪ̯tʃpaːɐ̯] Da, wie man weiß, Zeit Geld ist, muss man, um mehr Geld zu haben, Zeit einsparen. Per Definition ist Zeit Bewegung im Raum. Der gehetzte Mensch spart durch ständiges Rumsausen enorm viel Zeit. Mehr Bewegung im Raum ist gleichbedeutend mit mehr Zeit. Der Zeitsparer schafft sich ein Zeitpolster. Deshalb ist sein Ziel Unausgeschlafenheit, höchst möglicher Stress und so gut wie keine Anwesenheit. Er spart Zeit zum Selbstzweck, das Zeitpolster bleibt unangetastet und verzinst sich in der Ewigkeit.


**Zeppelinismus** [ʦɛpeliˈnɪsmʊs] Ursache eines vom Weißbier aufgeblähten Biertrommelbauchs; führt im Extremfall zur Implosion


**zwangssentimentalisiert** [ˈʦvaŋszentiːmɛnˈtaːliːziːɐ̯t] Folterung, Tortur, insbesondere während der → pränatalen Zeit; ungeschütztes Ausgesetztsein in weihnachtsbeschlumpften, jingle-verbellten Kaufhäusern und Glühweinschwaden

**Zwetschgenmanderl** [ˈt͡svɛtʃɡɛnˈmandɐl] kleiner, mickriger Kerl, ausgestattet mit einem Schädel, der wo nichts aushält; sollte den Besuch eines Oktoberfest-Bierzelts vermeiden, da nach dem Kontakt mit einem Maßkrug die akute Gefahr eines Schädelbasisbruchs besteht!

**Zwischenwirt** [ˈt͡svɪʃɛnˈviːɐ̯t] → Mensch

# NACHWORT

Nachwort → Vorwort
Das vorliegende Buch will eher als Mach- denn als Werk verstanden sein.